Collection
Rolf Heyne

Schumann's

BARBUCH

DRINKS & STORIES

Gestaltet und illustriert
von Günter Mattei

COLLECTION ROLF HEYNE
MÜNCHEN

18. Auflage 2002, München

Fotos: Bodo Vitus (S. 8), Andor G. (S. 10)
Autorenfotos: Isolde Ohlbaum, München;
Süddeutscher Verlag, Bilderdienst, München;
LUI, München, Privatbesitz;
Herstellung: Helmut Burgstaller
Satz: Fotosatz Stummer, München
Gesamtherstellung: RMO-Druck, München

ISBN 3-89910-000-X

Inhaltsverzeichnis

Inhaltsverzeichnis

Inhaltsverzeichnis

Vorwort

Ich weiß noch genau, wie ich vor vielen Jahren zum ersten Mal eine Bar betrat. Ich war gleich fasziniert von den vielen Flaschen; fasziniert von der Behendigkeit des Mannes hinter der Theke und seiner ruhigen, professionellen Arbeitsweise. Wie in Trance und doch zielsicher griff er kurze, lange, bauchige Flaschen und entlockte ihnen ihre vielfarbigen Geheimnisse.

Eine eigene Welt, vor der ich recht mutlos stand und die ich mir dennoch zu eigen machen wollte.

Seit jenen Tagen sind viele Nächte vergangen, Nächte, in denen ich unter anderem lernte, daß Kenntnisse von Cocktails und deren Zubereitung nur ein Teil des Metiers sind.

Viele dieser Nächte endeten im Morgengrauen, und mir wurde bald klar, warum nur wenige bereit sind, unseren Beruf zu erlernen, und noch weniger, ihn mit Engagement auszuüben.

Anfang der 80er Jahre war es schlecht bestellt um die Barkultur in Deutschland.

Als wir die Bar an der Münchner Maximilianstraße im Jahr 1981 eröffneten, hatten wir eine ziemlich genaue Vorstellung von den Menschen, die ihre Tische bevölkern und die Theke umlagern sollten. (Das wird uns im übrigen noch heute, manchmal auch übel, nachgesagt!)

Es war und ist uns ein Anliegen, die klassische Barkultur zu pflegen und zu bewahren. Sie ist eine Herausforderung, der wir uns immer noch täglich stellen!

Natürlich ist eine Bar nicht vom ersten Tag an so, wie man sie sich wünscht. Gäste, die man gern hat, kommen einmal, vielleicht ein zweites Mal – und dann nie wieder.

Gäste, die man nicht mag, erscheinen in geradezu unerschrockener Regelmäßigkeit. Manchmal ist alles perfekt, ein anderes Mal alles eine Qual. So gibt es immer wieder ermüdende Tage, an denen wir uns die berühmte Sinnfrage stellen …

Aber es gibt auch magische Stunden. Abende, an denen wir spüren, daß unsere Bar lebt, weil sie gebraucht wird, nicht nur als Treffpunkt und Begegnungsstätte, sondern als ganz eigener Ort in der Stadt, zu der sie gehört. Das Schumann's als Mythos – darauf sind wir natürlich auch stolz.

Süddeutsche Zeitung

Vorwort

Besonders unsere Stammgäste, die *piliers du bar*, geben uns, wenn überhaupt nichts mehr zu gehen scheint, Kraft weiterzumachen. Einige von ihnen kommen ja im folgenden zu Wort. Welcher wirkliche Stammgast träumt nicht davon, mit seinem Barmann alt zu werden? Welcher Stammgast weiß es nicht zu schätzen, wenn ihm sein Keeper unaufgefordert seinen Drink hinstellt?

Und was wäre eine Bar ohne ihr Personal? Ohne fachkundiges, engagiertes und loyales Personal könnte sie nicht lange bestehen; daß Schumann's sich neben den berühmten Bars der Welt etablieren konnte, ist seinen Mitarbeitern zu verdanken.

Eine gute Bar unterscheidet sich von den anderen dadurch, daß man in ihr alle klassischen Drinks (Standards) bekommt, die der Barkeeper in M genauso gut und nach den gleichen Regeln mixt wie sein Kollege in NY und die auch genauso gut schmecken.

Selten erfindet einmal ein Barkeeper wirklich neue, nie dagewesene Drinks.

In den letzten Jahren schwappte die süße Welle in die Bars, Mischungen aus Rum, Coconutcream, Sahne und tropischen Säften, Mischungen, denen auch Männer nicht widerstehen können.

Sehr zum Leidwesen von in Ehren ergrauten Barkeepern, die sichtlich aufblühen, wenn zur *Blauen Stunde* Martini Drys, Old Fashioneds und Manhattans verlangt werden.

In meinem Buch, das zuerst für den Bargast – ich hoffe, daß auch Profis ihren Spaß daran haben – geschrieben wurde, bin ich hauptsächlich auf die klassischen Drinks eingegangen, die sich natürlich im Laufe der Zeit immer wieder verändert haben.

Auch wenn es, wie schon gesagt, selten neue Erfindungen unter den Drinks gibt, so haben wir doch unsere Phantasie spielen lassen. Unsere Drinks sind durch * und Jahreszahl gekennzeichnet.

Genießen Sie diesen literarischen und kulinarischen Spaziergang durch die Welt der Bar, der jetzt immerhin schon in der 16. Auflage erscheint!

Charles Schumann

Luis Buñuel

Manche köstliche Stunde habe ich in Bars verbracht. Die Bar ist für mich ein Ort der Meditation und der Sammlung, ohne sie könnte ich mir mein Leben nicht vorstellen. Es ist eine alte Gewohnheit, die sich im Lauf der Jahre noch verstärkt hat. Wie Sankt Symeon der Stilit sich oben auf seiner Säule mit seinem unsichtbaren Gott unterhielt, habe ich in Bars viele Stunden in Träumereien zugebracht, im Gespräch mehr mit mir selbst als mit dem Kellner, versunken in einer endlosen Flut von Bildern, die mich immer aufs neue überraschten. Heute, da ich alt bin wie das Jahrhundert, verlasse ich kaum noch das Haus. Aber in der geheiligten Stunde des Aperitifs denke ich, allein in dem kleinen Raum, in dem meine Flaschen untergebracht sind, gern an die Bars zurück, die ich besonders gemocht habe.

Zunächst einmal unterscheide ich zwischen Bars und Cafés. In Paris zum Beispiel habe ich nie eine anständige Bar gefunden. Dagegen ist die Stadt reich an wunderbaren Cafés. Wohin man auch geht, von Belleville bis Auteuil, nie braucht man Angst zu haben, daß man keinen Platz findet, wo man sich hinsetzen und bei einem Kellner eine Bestellung aufgeben kann. Wäre Paris ohne seine Cafés, ohne seine Terrassen, ohne seine Tabakläden überhaupt vorstellbar? Es wäre wie eine Stadt nach einer Atombombenexplosion.

Ein großer Teil der surrealistischen Aktivitäten vollzog sich im Café Cyrano an der Place Blanche. Das Sélect an den Champs Elysées mochte ich auch gern, und zur Eröffnung der Coupole am Montparnasse war ich eingeladen. Dort war ich auch mit Man Ray und Louis Aragon verabredet, um die erste Aufführung des *Chien andalou* vorzubereiten. Ich kann sie gar nicht alle aufzählen. Hinzufügen möchte ich nur noch, daß zum Café das Reden, das Kommen und Gehen gehören, die manchmal geräuschvolle Gesellschaft von Frauen.

Dagegen ist die Bar eine Schule der Einsamkeit.

Sie muß vor allem ruhig sein, möglichst düster und sehr bequem. Jede Musik, auch noch die entfernteste, ist verpönt — ganz entgegen dem üblen Brauch, der sich heute in aller Welt breitmacht. Höchstens ein Dutzend Tische, möglichst nur Stammgäste, und zwar wenig gesprächige.

Mir gefällt zum Beispiel die Bar des Hotels Plaza in Madrid. Sie befindet sich im Untergeschoß — ein eminenter Vorzug, denn Landschaft stört nur. Der Maître d'Hôtel kennt mich und geleitet mich gleich zu meinem Lieblingstisch, wo ich mit dem Rücken zur Wand sitze. Nach dem Aperitif kann man sich etwas zu essen bringen lassen. Die Beleuchtung ist unaufdringlich, aber die einzelnen Tische sind hell genug.

In Madrid hatte ich auch das Chicote sehr gern, es ist für mich angefüllt mit teuren Erinnerungen. Aber dahin geht man eher mit Freunden als zur einsamen Meditation.

Im Hotel del Paular im Madrider Norden, im Hof eines großartigen gotischen Klosters, nahm ich in einem langgestreckten Raum mit Granitsäulen abends gern meinen Aperitif ein. Außer samstags und sonntags, schlimmen Tagen, an denen überall Touristen mit lauten Kindern herumwimmeln, war ich praktisch allein, umgeben von Reproduktionen der Gemälde von Zurbarán, einem meiner Lieblingsmaler. Schweigend glitt zuweilen der Schatten eines Obers im Hintergrund vorüber, ohne meine alkoholisierten Meditationen zu stören.

Ich kann sagen, daß ich diesen Ort wie einen alten Freund geliebt habe. Nach einem Tag voller Muße und Arbeit ließ mich Jean-Claude Carrière, wenn wir gemeinsam an einem Drehbuch arbeiteten, hier für eine Dreiviertelstunde allein. Pünktlich hörte ich dann seine Schritte auf dem Steinboden, er setzte sich mir gegenüber, und ich mußte ihm — so war es abgemacht, denn ich bin überzeugt, daß die Imagination eine geistige Fähigkeit ist, die man ausbilden und entwikkeln kann wie das Gedächtnis — eine Geschichte erzählen, kurz oder lang, die ich mir während meines fünfundvierzigminütigen Sinnierens ausgedacht hatte. Es kam nicht darauf an, daß sie zu dem Drehbuch, an dem wir gerade arbeiteten, einen Bezug hatte. Sie konnte burlesk sein oder melodramatisch, blutrünstig oder lieblich. Die Hauptsache war das Erzählen.

Allein mit den Reproduktionen von Zurbarán und den Säulen aus Granit, diesem phantastischen Stein aus Kastilien, und in der ausgezeichneten Gesellschaft meines Lieblingsgetränks — auf das ich gleich noch zu sprechen komme —, ließ ich mich ohne Anstrengung aus der Zeit gleiten und öffnete mich den Bildern, die alsbald den Raum erfüllten. Manchmal kamen mir Familienangelegenheiten in den Sinn oder andere Alltäglichkeiten, und dann plötzlich geschah etwas, eine oft überraschende

Handlung schälte sich heraus, Personen traten auf, sprachen, erzählten mir von ihren Konflikten, ihren Problemen. Manchmal mußte ich, allein in meiner Ecke, still vor mich hin lachen. Wenn ich den Eindruck hatte, daß diese unerwartete Geschichte dem Drehbuch dienlich sein konnte, begann ich noch einmal von vorn, versuchte, Ordnung hineinzubringen und meine schweifenden Gedanken zu bändigen.

In New York mochte ich vor allem die Bar im Hotel Plaza, auch wenn es ein beliebter Treffpunkt ist (und Frauen keinen Zutritt haben). Ich pflegte meinen Freunden zu sagen (und manchmal machten sie die Probe aufs Exempel): »Wenn ihr in New York seid und wissen wollt, ob ich da bin, geht mittags ins Plaza. Wenn ich in New York bin, trefft ihr mich da bestimmt.« Leider hat diese großartige Bar mit Blick auf den Central Park dem Restaurant Platz machen müssen, die eigentliche Bar hat nur noch zwei Tische.

Was die mexikanischen Bars betrifft, in denen ich verkehre, so habe ich in Mexiko selbst die des El Parador sehr gern, aber auch dahin geht man besser mit Freunden so wie in Madrid ins Chicote. Lange habe ich mich in der Bar des Hotels San José Purúa im Staat Michoacán wohl gefühlt, in das ich mich dreißig Jahre hindurch zurückzog, um meine Drehbücher zu schreiben.

Das Hotel liegt auf der einen Seite eines großen halbtropischen Cañons. Die Fenster der Bar gehen also auf eine sehr schöne Landschaft, eigentlich ein Nachteil, aber glücklicherweise erhebt sich genau vor dem Fenster ein Zirando, ein tropischer Baum mit verschlungenem Geäst, das wie ein Nest mit riesigen Schlangen aussieht und einen Teil der grünen Landschaft verdeckt. Ich ließ meine Blicke in dem ungeheuren Wirrwarr der Zweige wandern, folgte ihnen wie den verworrenen Fäden einer komplizierten Geschichte und sah hin und wieder, wie sich eine Eule, eine nackte Frau oder irgend etwas anderes darin niederließ.

Leider ist diese Bar ohne jeden Grund geschlossen worden. Ich sehe uns noch, den Produzenten Serge Silberman, Jean-Claude und mich, wie wir 1980 verzweifelt durch die Hotelflure irrten, auf der Suche nach einem annehmbaren Ort. Es ist eine schlimme Erinnerung. Unsere alles verheerende Epoche macht nicht einmal vor Bars halt.

Ich muß nun von dem reden, was ich trinke. Weil das ein Kapitel ist, über das ich mich endlos auslassen kann — mit Silberman rede ich darüber manchmal zwei Stunden lang —, will ich versuchen, mich kurz zu fassen. Wer sich für das Thema nicht interessiert — leider gibt es solche Leute —, überschlägt besser die nächsten Seiten.

Über alles andere geht mir der Wein, vor allem der Rotwein. Frankreich hat den besten und den schlechtesten Wein — so gibt es nichts Scheußlicheres als das ›Glas Roten‹ in Pariser Bistros. Sehr angenehm finde ich den spanischen Valdepeñas, den man kühl trinkt, aus einem Schlauch von Ziegenhaut, und den weißen Yepes aus der Gegend von Toledo. Die italienischen Weine kommen mir immer gepanscht vor.

In den Vereinigten Staaten gibt es gute kalifornische Weine, den Cabernet und andere. Manchmal trinke ich einen chilenischen oder mexikanischen Wein. Das ist auch schon fast alles.

Natürlich trinke ich Wein nie in einer Bar. Wein ist ein rein physisches Vergnügen, das die Phantasie überhaupt nicht anregt.

Um sich in einer Bar in einen Zustand der Träumerei zu versetzen und darin zu verweilen, braucht man englischen Gin. Mein bevorzugtes Getränk ist Martini Dry. Angesichts der herausragenden Rolle, die der Martini Dry in dem Leben gespielt hat, von dem ich hier erzähle, muß ich ihm zwei oder drei Stunden widmen. Wie alle Cocktails ist der Martini Dry vermutlich eine amerikanische Erfindung. Er besteht vor allem aus Gin und einigen Tropfen Wermut, vorzugsweise Noilly-Prat. Die wirklichen Kenner, die ihren Martini gern ganz trocken trinken, behaupten sogar, man dürfe den Noilly-Prat erst dann in den Gin geben, wenn ein Sonnenstrahl ihn berührt habe. Ein guter Martini Dry, sagt man in Amerika, sei wie die unbefleckte Empfängnis. Bekanntlich habe dem heiligen Thomas von Aquin zufolge die befruchtende Kraft des Heiligen Geistes das Hymen der Jungfrau Maria durchquert ›wie ein Sonnenstrahl, der durch eine Glasscheibe fällt, ohne sie zu zerbrechen‹. Genauso sei es mit dem Noilly-Prat. Das finde ich etwas übertrieben.

Das Eis, das man verwendet, muß sehr kalt und sehr hart sein, damit es kein Wasser abgibt. Nichts ist schlimmer als ein feuchter Martini.

Ich möchte hier noch mein persönliches Rezept verraten — ein Ergebnis langer Erfahrung, mit dem ich großen Erfolg hatte.

Luis Buñuel

Am Tage bevor die Gäste kommen, stelle ich alles Notwendige, die Gläser, den Gin, den Shaker, in den Eisschrank. Ich habe ein Thermometer, welches es erlaubt, die Temperatur des Eises bei ungefähr zwanzig Grad unter null zu halten.

Am Tage darauf, wenn die Gäste da sind, nehme ich alles, was ich brauche, heraus, schütte zunächst ein paar Tropfen Noilly-Prat und einen halben Teelöffel Angostura auf das sehr harte Eis, schwenke das Ganze und schütte es aus bis auf die Eiswürfel, auf denen eine leichte Spur des Geschmacks von Wermut und Angostura zurückbleibt, und darauf gieße ich dann den reinen Gin. Ich schwenke noch ein wenig und serviere. Das ist alles, es gibt nichts Besseres.

In New York habe ich vom Direktor des Museum of Modern Art in den vierziger Jahren eine leichte Variante gehört: Statt des Angostura nimmt man etwas Pernod — für mich ist das Ketzerei. Es war auch nur eine Mode, sie ist längst wieder vorbei.

Abgesehen von dem Martini, der mein Lieblingsgetränk geblieben ist, bin ich auch der bescheidene Erfinder eines Cocktails mit dem Namen Buñueloni. In Wirklichkeit ist das weiter nichts als ein Plagiat des berühmten Negroni, nur nimmt man statt des Campari, den man sonst mit Gin und süßem Cinzano mischt, Carpano. Das ist ein Cocktail, den ich gern abends vor dem Essen trinke. Auch bei ihm gewährleistet der Gin, von dem man mehr nimmt als von den anderen Bestandteilen, ein gutes Funktionieren der Phantasie. Warum das so ist? Ich weiß es nicht, ich stelle es nur fest.

Wie man sicher verstanden hat, bin ich kein Alkoholiker. Es ist mir in meinem Leben bei bestimmten Anlässen zwar immer wieder passiert, daß ich bis zum Umfallen getrunken habe, aber in der Regel geht es mir um ein subtiles Ritual, das einen nicht betrunken macht, sondern einen leichten Rausch bewirkt, ein ruhiges Wohlbehagen, das vielleicht den Wirkungen einer leichten Droge gleicht. Es hilft mir, zu leben und zu arbeiten. Wenn ich gefragt werde, ob ich jemals auch nur einen einzigen Tag in der mißlichen Lage gewesen sei, auf meine Drinks verzichten zu müssen, so muß ich sagen: nicht, daß ich wüßte. Ich habe immer etwas zu trinken gehabt, weil ich immer meine Vorkehrungen traf.

Ich war zum Beispiel 1930, während der Prohibition, fünf Monate in Amerika, und ich glaube, ich habe nie in meinem Leben so viel getrunken wie damals. In Los Angeles hatte ich einen Bootlegger zum Freund — ich kann mich noch gut an ihn erinnern, er hatte an einer Hand nur drei Finger —, der mir beigebracht hat, echten Gin von falschem zu unterscheiden. Man braucht nur die Flasche auf eine bestimmte Weise zu schütteln; wenn sich Blasen bilden, ist der Gin echt.

In den Apotheken gab es Whisky auf Rezept, und in gewissen Cafés wurde der Wein in Tassen serviert. In New York kannte ich ein gutes Speakeasy. Man klopfte auf eine bestimmte Weise an eine kleine Tür, ein Guckloch öffnete sich, dann mußte man ganz schnell eintreten. Drinnen war es eine Bar wie jede andere. Es gab alles, was man wollte.

Die Prohibition war wirklich eine der absurdesten Ideen dieses Jahrhunderts. Die Amerikaner betranken sich damals wie wild. Erst danach haben sie richtig zu trinken gelernt.

Ich hatte auch immer eine Schwäche für französische Aperitifs, wie Picon-Bier-Grenadine, das Lieblingsgetränk des Malers Yves Tanguy, und vor allem Mandarin-Curaçao-Bier, wovon ich sehr schnell betrunken wurde, stärker als vom Martini Dry. Diese großartigen Mischungen verschwinden leider immer mehr. Wir erleben einen entsetzlichen Niedergang des Aperitifs — eins von vielen traurigen Zeichen dieser Zeitläufte.

Natürlich trinke ich von Zeit zu Zeit auch einmal zum Kaviar einen Wodka und zum geräucherten Lachs einen Aquavit. Ich mag die mexikanischen Schnäpse Tequila und Mezcal, aber das sind nur Surrogate. Whisky hat mich nie interessiert, das ist ein Getränk, das ich nicht verstehe.

Einmal habe ich in der Ratgeberspalte einer französischen Illustrierten — ich glaube, es war *Marie-France* — gelesen, Gin sei ein ausgezeichnetes Beruhigungsmittel und sehr wirksam gegen die Angst beim Fliegen. Sofort habe ich mich entschlossen, diese Behauptung auf ihren Wahrheitsgehalt hin zu prüfen.

Ich habe immer Angst im Flugzeug gehabt, eine ständige, nicht zu unterdrükkende Angst. Wenn ich zum Beispiel einen der Piloten mit ernstem Gesicht durch den Gang kommen sah, dachte ich: »Es ist was passiert, jetzt sind wir verloren, ich sehe es seinem Gesicht an.« Und wenn er lächelnd und liebenswürdig daherging, dachte ich: »Die Sache muß sehr schlecht stehen, er will uns beruhigen.« Alle diese Befürchtungen schwanden wie durch einen Zauber an dem Tag, an dem ich mich entschloß, dem ausgezeichneten Ratschlag von *Marie-France* zu folgen. Ich habe es mir zur Gewohnheit gemacht, vor jeder Flugreise einen Flachmann mit Gin einzustecken, in Papier eingewickelt, damit er kalt bleibt. In der Wartehalle, vor dem Aufruf des Flugs, mache ich heimlich ein paar ordentliche Züge, und sofort fühle ich mich ruhig und sicher und bin bereit, mit einem Lächeln den schlimmsten Turbulenzen entgegenzusehen.

Ich käme nie ans Ende, wenn ich alle Wohltaten des Alkohols aufzählen wollte. 1978 in Madrid, als ich mich schon damit abgefunden hatte, die Dreharbeiten zu *Cet obscur objet du désir (Dieses obskure Objekt der Begierde)* wegen des totalen Zerwürfnisses mit einer Schauspielerin abzubrechen, und als auch Silberman, der Produzent, trotz des beträchtlichen Verlustes, den das für ihn bedeutet hätte, entschlossen war, den Film zu stoppen, saßen wir beide eines Abends ziemlich niedergeschlagen in einer Bar. Und plötzlich — allerdings erst nach dem zweiten Martini Dry — kam mir die Idee, die Rolle von zwei Schauspielerinnen spielen zu lassen, was es noch nie gegeben hatte. Serge war begeistert von der Idee, die ich eigentlich erst nur zum Scherz geäußert hatte, und der Film war gerettet — dank einer Bar.

In New York war ich in den vierziger Jahren eng mit Juan Negrín, dem Sohn des ehemaligen republikanischen Ministerpräsidenten Spaniens, und seiner Frau, der Schauspielerin Rosita Díaz, befreundet. Zusammen entwickelten wir die Idee einer Bar, die ›Zum Kanonenschuß‹ heißen und skandalös teuer sein sollte, die teuerste Bar der Welt. Da durfte es nur ganz exquisite Drinks geben.

Es sollte eine intime, sehr bequeme, in erlesenstem Geschmack eingerichtete Bar sein, mit höchstens zehn Tischen. Vor der Tür — deshalb der Name — sollte eine alte Bombarde mit Lunte und schwarzem Pulver stehen, und immer wenn ein Kunde tausend Dollar ausgegeben hatte, ob am Tage oder bei Nacht, sollte ein Schuß abgefeuert werden.

Dieses verlockende, wenn auch wenig demokratische Projekt gelangte nie zur Ausführung. Ich gestatte jedermann, sich der Idee zu bemächtigen. Man stelle sich vor, wie ein mittlerer Angestellter im Wohnblock nebenan um vier Uhr morgens von einem Kanonenschuß geweckt wird und zu seiner neben ihm im Bett liegenden Frau sagt: »Wieder so ein Saukerl, der tausend Dollar auf den Kopf gehauen hat!«

Unmöglich zu trinken, ohne zu rauchen. Ich habe im Alter von sechzehn Jahren damit angefangen und nie wieder aufgehört. Allerdings habe ich selten mehr als zwanzig Zigaretten an einem Tag geraucht. Was ich geraucht habe? Alles. Zuerst schwarzen spanischen Tabak, seit zwanzig Jahren habe ich mich an französische Zigaretten gewöhnt, Gitanes und vor allem Celtiques, die ich über alles schätze.

Der Tabak, der wunderbar mit dem Alkohol zusammengeht — wenn der Alkohol die Königin ist, ist der Tabak der König —, ist ein angenehmer Begleiter in allen Wechselfällen des Daseins. Er ist ein Freund in guten und schlechten Augenblicken. Man steckt sich eine Zigarette an, um ein freudiges Ereignis zu feiern oder um eine Qual zu verbergen.

Der Tabak ist ein Vergnügen für alle Sinne, für die Augen — welch ein Anblick, wenn man unterm Silberpapier, wie bei einer Parade, die weißen Zigaretten in Reih und Glied liegen sieht —, für die Nase, für die Fingerspitzen . . . Würde man mir die Augen verbinden und eine brennende Zigarette in den Mund stecken, würde ich mich weigern, sie zu rauchen. Ich möchte das Päckchen in meiner Tasche anfassen, es aufmachen, die Konsistenz der Zigarette zwischen zwei Fingern prüfen, das Papier auf meinen Lippen schmecken, den Geschmack des Tabaks auf meiner Zunge, die Flamme aufspringen sehen, mich ihr nähern und die Wärme in mir fühlen.

Ein Mann namens Dorronsoro, den ich seit meiner Studentenzeit kannte, ein spanischer Ingenieur baskischer Herkunft, der nach Mexiko emigrierte, starb an sogenanntem Raucherkrebs. Ich besuchte ihn in Mexiko im Krankenhaus. Er hatte Schläuche überall und eine Sauerstoffmaske, die er von Zeit zu Zeit abnahm, um schnell und heimlich an einer Zigarette zu ziehen. Er rauchte bis in die letzten Stunden seines Lebens, dem Vergnügen treu, das ihn umbrachte.

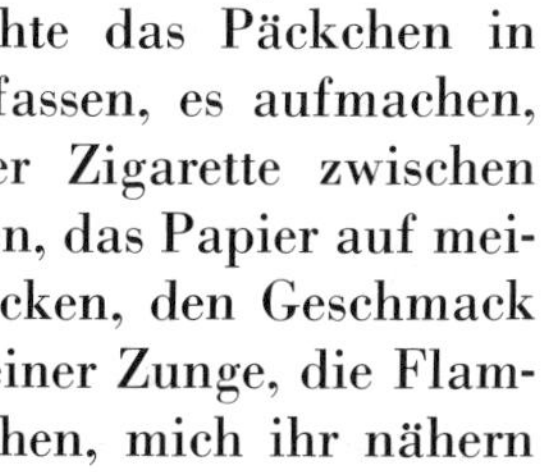

Barausstattung

Eine gute Barausstattung garantiert nicht, daß Sie über Nacht ein Mixexperte werden, aber sie erleichtert Ihnen sicher den Anfang. Und mit den richtigen Zutaten macht das Mixen erst wirklich Spaß.

Folgendes gehört als Erstausstattung in Ihre Bar:

ALKOHOLIKA
(weinhaltig, besonders für Aperitifs)

Sherries (Dry, Medium, Sweet)
Vermouths (Bianco, Dry, Rosso)
Dubonnet

Alkoholika

BITTERS UND ANISHALTIGE SPIRITUOSEN

Fernet Branca, Fernet Menthe
Campari
Pernod, Ricard

LIKÖRE

Cointreau
Triple Sec
Grand Marnier
Bénédictine
Drambuie
Crème de Menthe (weiß und grün)
Galliano
Crème de Cassis
Tia Maria
Khalua
Southern Comfort
Amaretto
Bailey's (Irish Cream)
Bananenlikör
Crème de Cacao (weiß)
Crème de Cacao (braun)
Apricot Brandy
Kirschlikör

Barausstattung

SPIRITUOSEN

Cognac
Edelcognac oder Brandy
Marc de Champagne
Marc de Bourgogne
Grappa

EDELOBSTBRÄNDE

Kirschwasser
Himbeergeist
Birnengeist

KLARE

Aquavit
Doornkaat
Wodka
Gin
Tequila
Zuckerrohrschnaps

ALKOHOLIKA

WHISKIES

Scotch
Bourbon Whiskey
Irish Whiskey
Canadian Whisky

RUM

weißer Rum (40%)
brauner Rum (40%)
und hochprozentiger Rum (72/73%)

SEKT, CHAMPAGNER, WEIN

Sekt und Champagner zum Aufgießen von Champagner-Cocktails (in einer guten Bar finden Sie selbstverständlich eine Auswahl von Markenchampagnern).
Einige trockene Weißweine.

SÄFTE

Lemon-Juice, Zitronensaft
(unbedingt frisch!)

Lime Juice, Limettensaft

Pineapple Juice, Ananassaft
(ist nur in der Dose erhältlich
und muß ungesüßt sein!)

Orange-Juice, Orangensaft
(unbedingt frisch!)

Tomatensaft
(nur beste Qualität verwenden)

Kirschsaft

Johannisbeersaft

Maracujasaft

Mangosaft

SIRUPS

Grenadine

Maracujasirup

Bananensirup

Mangosirup

ZUCKERSIRUP

Er kann selbst hergestellt werden.
In kochendes Wasser Zucker einschütten,
umrühren bis er sich auflöst,
nicht aufkochen lassen.
Nach dem Erkalten in Flaschen abfüllen
und im Kühlschrank aufbewahren.
Hält sich lange. Mischverhältnis
entweder 1:1 d.h. 1 kg Zucker auf
1 Liter Wasser, oder 2:1 d. h.
2 kg Zucker auf 1 Liter Wasser.
Die Intensität muß dann beim Mixen
berücksichtigt werden.

Zutaten

LIMONADEN UND WASSER

Ginger Ale

Tonic Water

Bitter Lemon

Cola

Seven up

Mineralwasser

Soda

FRÜCHTE, OBST, GEWÜRZE

Orangen

Zitronen

Limetten

Sahne

Eier

Cocktailkirschen

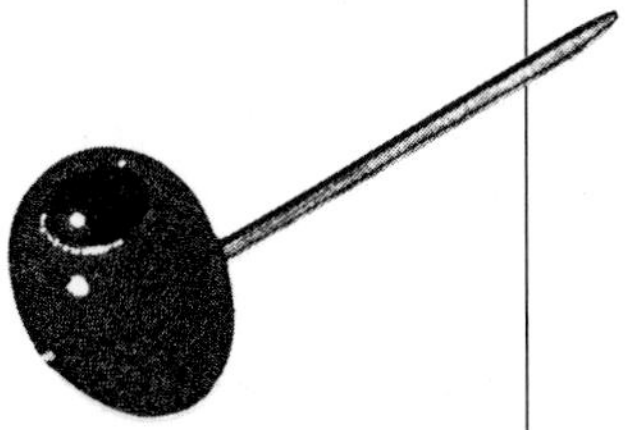

Oliven

Pfeffer, Salz

Würfelzucker

Selleriesalz

Tabasco

Worcestersauce

Muskatnuß

Angostura

Orangenbitter

1 Südwein-Glas
(Portwein, Sherry)

2 Sour-Glas

3 Whisky-Glas
(Tumbler, Old Fashioned)

4 Sekt- oder Champagnerflöte

5 Cocktailglas oder
Champagnerschale

6 Kleine Cocktailschale
(Martini Dry, Gibson)

7 High-Ball oder Longdrink-Glas
(Collins, Fizzes)

8 Pimm's-Glas

9 Punch-Glas oder Hot-Toddy-Glas (hitzebeständig)

10 Superlongdrink-Glas

11 Großes Glas für exotische Drinks

12 Kleines Glas für exotische Drinks

13 Ballon-Glas

14 Aperitif-Glas

15 Irish-Coffee-Glas

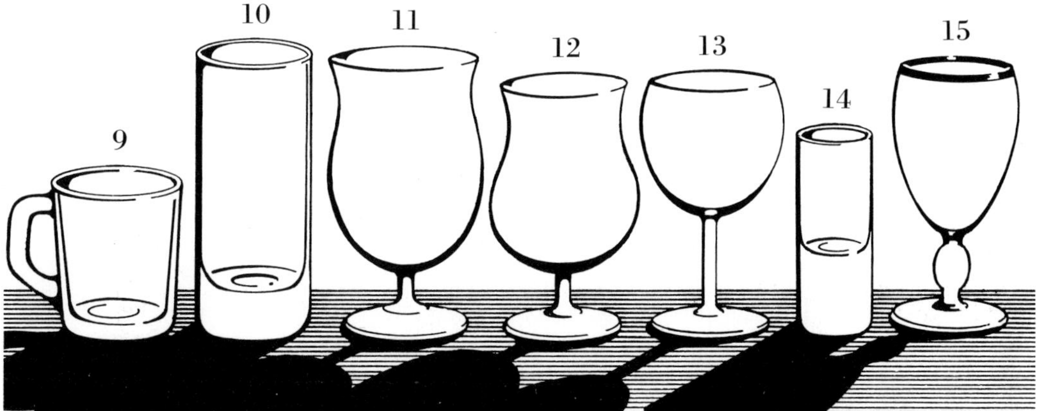

Barausstattung

SHAKER

Für viele Drinks ist das Schütteln unerläßlich. Der zweiteilige Shaker — auch American- oder Boston-Shaker genannt — wird von professionellen Barkeepern bevorzugt. Er besteht aus einem größeren Becher aus Edelstahl und einem etwas kleineren aus dickem Kristallglas. Damit sich alle Zutaten gut vermischen, sollte der Boston-Shaker nur bis zu einem Zentimeter unter den Rand gefüllt werden.

Wichtig ist die Reihenfolge: Immer zuerst das Eis, dann die nichtalkoholischen Zutaten, zum Schluß der Alkohol und dann etwa 10 bis 20 Sekunden kräftig schütteln.

Der größere der beiden Behälter kann auch als Rührglas verwendet werden. (Ein solcher Shaker kann bei Schumann's bestellt werden.)

STRAINER ODER BARSIEB

Ob aus dem Shaker oder dem Rührglas, alles wird durch das Sieb in die Gläser abgeseiht. Einzige Funktion dieses Hilfsgerätes: das Eis aus dem Drink zu halten. Durch die Spiralfeder paßt sich der Barstrainer jeder Shaker- oder Glasgröße an.

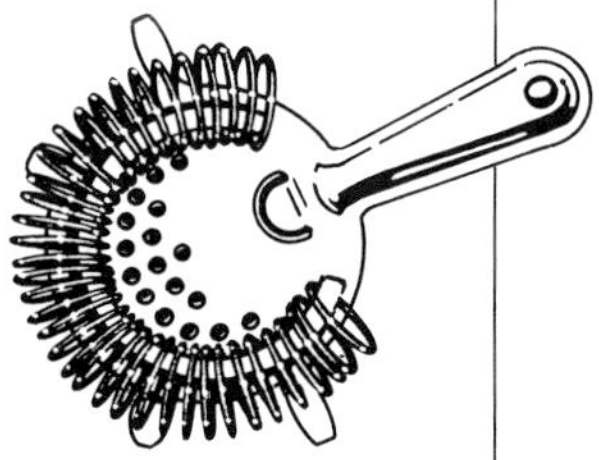

MESSGLAS

Der obere Teil des Meßglases faßt 4 cl, der untere Teil 2 cl. Für die meisten Cocktails berechnet man pro Person 6 cl Alkoholica (bzw. 2 oz).

Da das Eis beim Schütteln oder Rühren schmilzt, wird es etwas mehr.

Die Geräte der Bar

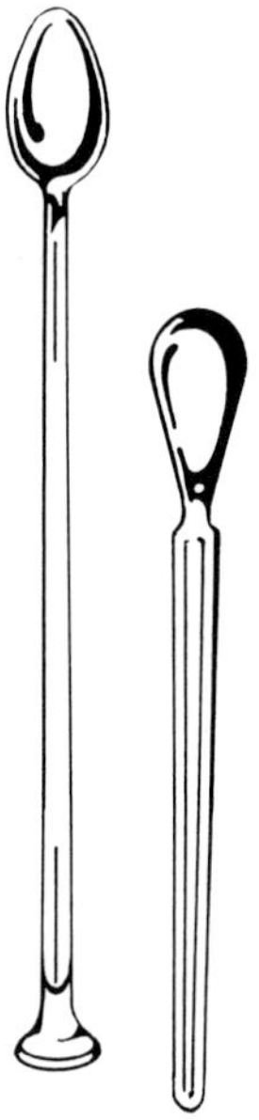

RÜHRGLAS

Alles, was nicht geschüttelt wird, wird entweder im Rührglas gerührt oder im Glas zubereitet.

BARLÖFFEL

Man tut sich wesentlich leichter, wenn man den Barlöffel verkehrt herum in das Rührglas steckt und damit dann kräftig rührt.

STROHHALME
(verschiedene Größen und Farben)

EISBEHÄLTER

EISZANGE

EISSCHAUFEL

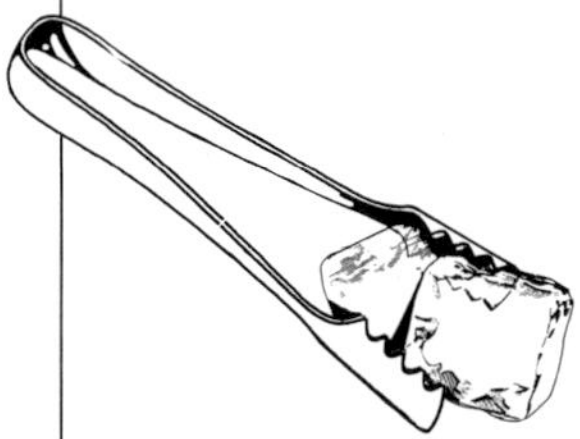

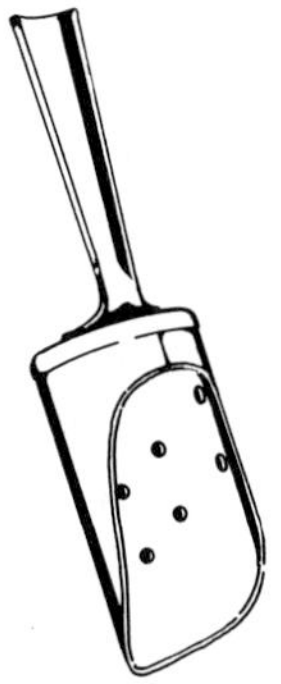

Barausstattung

BARMESSER

KORKENZIEHER

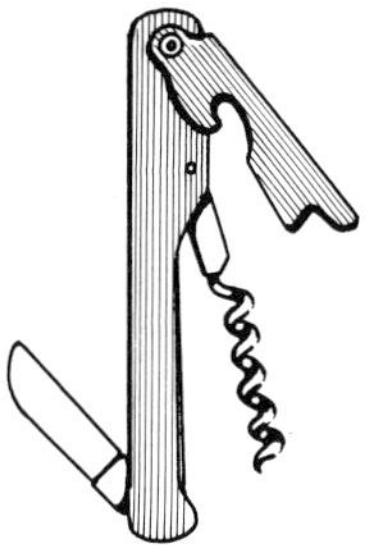

BARZANGE

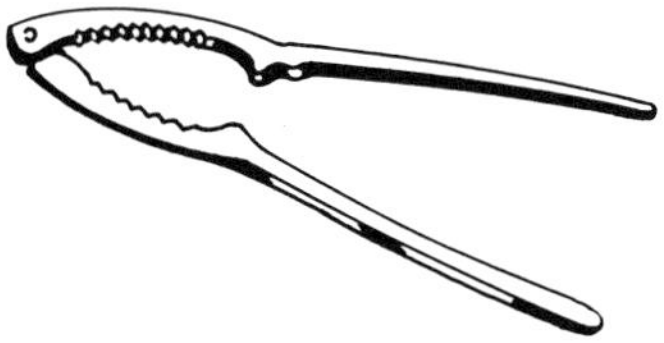

FLASCHENÖFFNER

CHAMPAGNERFLASCHEN-
VERSCHLUSS

COCKTAILSPIESSE

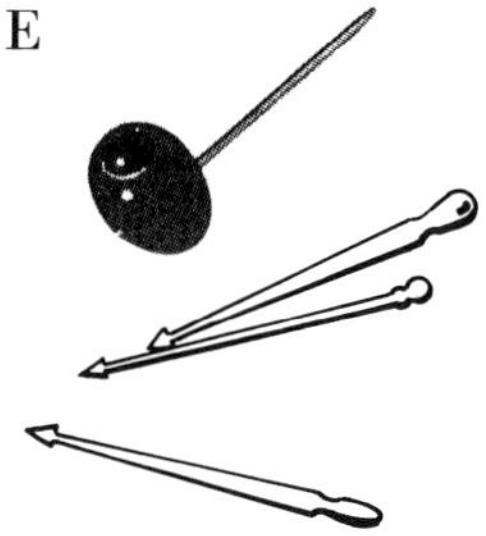

MUSKATREIBE

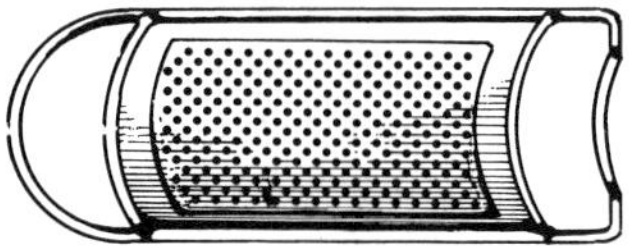

SCHNEIDEBRETT

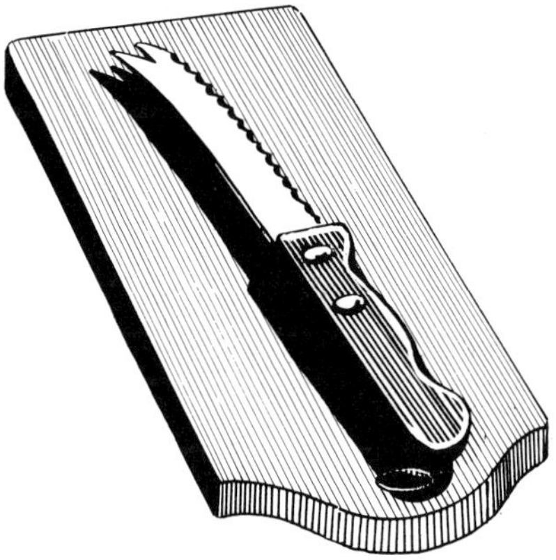

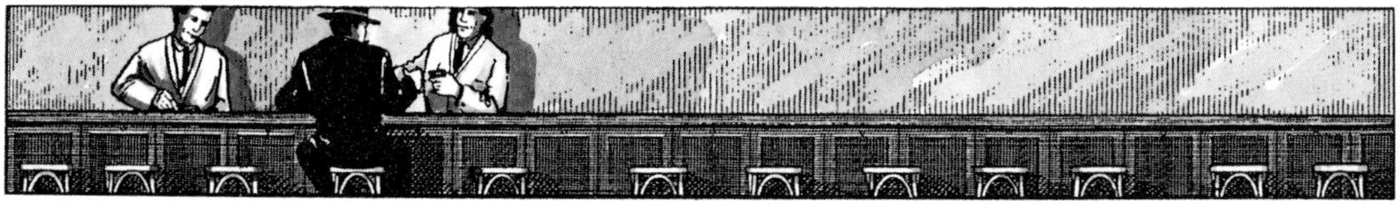

Hinweise und Vorschläge

Ein professioneller Barmann braucht kein Meßglas, er sollte das Abmessen im Handgelenk haben.

Wenn mir in einer Bar Whisky mit dem Meßglas eingeschenkt wird, oder sogar Maßvorrichtungen an jeder Flasche hinter der Bar angezeichnet sind, kann ich mich mit diesem Platz kaum anfreunden. Ein bißchen Individualität darf und soll dem Keeper nicht genommen werden.

Für die Hausbar und für den Mixerneuling ist ein Meßglas (Einteilung 2 cl und 4 cl) aber sicher sehr hilfreich.

Ein Barmann greift seine Flaschen selbstverständlich beinahe blind — er hat seine eigene Ordnung im Flaschenschrank —, und er weiß, was in den Drink hineingehört. Anfänger sollten aber das, was sie brauchen, lieber in Griffnähe stellen und nicht nach der ersten Zutat die zweite suchen gehen. Auch das Cocktailglas sollte vor einem auf dem Bartisch stehen.

Welche Zutat der Mixer nun zuerst in das Mix- oder Rührglas schüttet, ist nicht genau festzulegen.

Ich selbst variiere hier, d. h. ich fange nicht immer mit dem Hauptbestandteil eines Drinks an. Bei Drinks, die nur eine Spirituose (Alkohol) beinhalten, sollte man aber eigentlich immer mit den Säften anfangen.

Nochmals, besonders wichtig ist: Alles bereitstellen, bevor man anfängt. Nichts ist aufwendiger und lästiger, als wenn man beim Mixen anfangen muß zu suchen.

Vorgekühlte Gläser sind für Martinis und manch anderen Drink unerläßlich. Wer in einer Bar ein Fach dafür hat, ist fein heraus; wenn nicht, sollte man seine

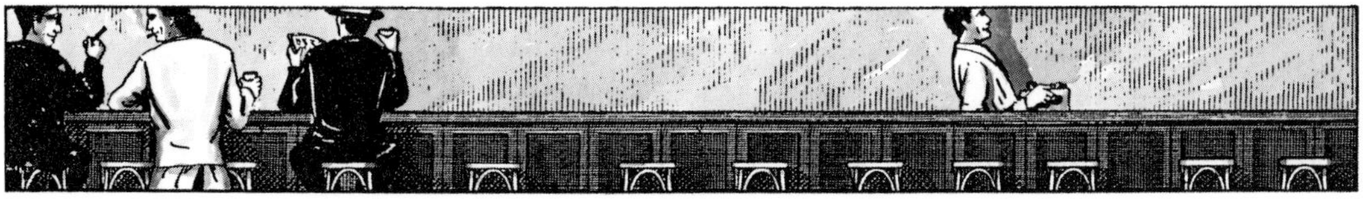

Hinweise und Vorschläge

Cocktailschalen mit Eis füllen und etwas stehen lassen, bis sie beschlagen, bevor man den Drink hineingießt.

Wenn ein Cocktail im Rührglas zubereitet wird, sollte man viel trockenes Eis ins Rührglas geben, dann alle Zutaten zugeben und mit dem Barlöffel, ›verkehrt‹, umrühren bis das Rührglas beschlägt.

Die meisten Karibik-Drinks schmecken besser mit gestoßenem Eis.

Drinks, die im Glas zubereitet werden, zum Beispiel *Rusty Nail, Golden Nail,* auf mehrere Eiswürfel im Glas gießen, mehrmals umrühren.

Wenn Drinks auf zerstoßenem oder zerschlagenem Eis zubereitet werden, darf das Eis erst im letzten Augenblick zerkleinert werden, da es sehr schnell verwässert und der Drink dann lausig schmeckt.

Wenn ein Drink im Shaker zubereitet wird, fünf bis sechs Stück Eis für einen Drink. Für zwei Drinks drei bis vier Stück Eis hineingeben.

Drinks, die Sahne, Sirup, Eier beinhalten, immer etwas länger schütteln.

Sours ebenfalls länger und sehr kräftig schütteln.

Vorsicht bei Likören und Sirups: Wenn man hiermit experimentiert, sollte man stets daran denken, daß Liköre und Sirups stark süßen und den Geschmack anderer Zutaten schnell überdecken!

Hier heißt es also: lieber weniger als zuviel!

A good Cocktail doesn't mean a big one, das scheinen die meisten Gäste nicht zu wissen, denn sie wollen immer viel Flüssigkeit und viel Alkohol.

Hint for Barvisitors

Harry Craddock, famous bartender of the Savoy Hotelbar, London, was once asked: »What is the best way to drink a Cocktail?«

»Quickly«, replied that great man, »while it's laughing at you.«

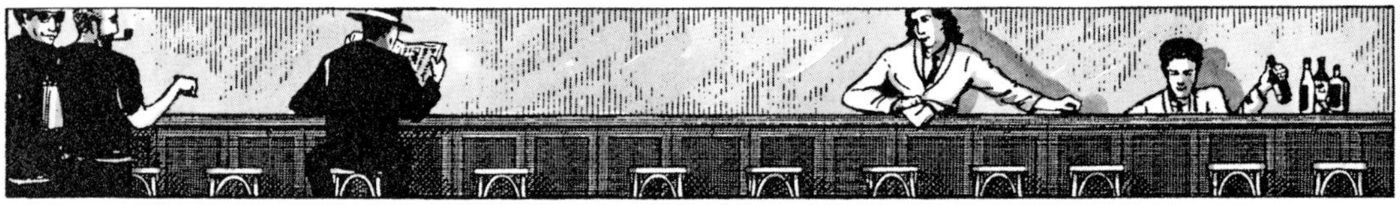

Einige Grundregeln

1. Verwenden Sie nur Markenspirituosen und frische Zutaten (Säfte, Früchte).

2. Mixgetränke müssen immer eiskalt sein! Lauwarme Drinks schmecken fad, sie sollten deshalb nicht zu lange stehen.

3. Eis ist ein wichtiger Bestandteil aller Cocktails. Es soll sauber und auf keinen Fall wäßrig sein, sonst schmecken auch die Drinks wäßrig. Verwenden Sie niemals Eis, das im Shaker zurückgeblieben ist.

4. Drinks, die gerührt und auf Eis serviert werden, können im Glas zubereitet werden.

5. Drinks, die gerührt und ohne Eis serviert werden, werden im Rührglas auf viel sehr kaltem Eis gerührt und durch das Barsieb in ein vorgekühltes Glas abgeseiht.

6. Wenn im Rezept ›schütteln‹ oder ›rühren‹ angegeben ist, dann sollte man sich daran halten. Beim Schütteln wird der Drink trüb, beim Rühren bleibt er klar.

Im allgemeinen kann man sich an folgende Richtlinien halten:

Gerührt werden alle Cocktails im Rührglas, die dünnflüssig sind und aus Zutaten bestehen, die sich leicht verbinden. Man rührt vorsichtig mit dem Barlöffel oder Stirrer. Ins Rührglas gehören immer Eiswürfel, und nie gestampftes Eis.

Einige Grundregeln

Im Shaker geschüttelt werden fast alle Drinks, die Säfte, Sahne, Milch, Eier oder Sirups enthalten, das sind schwer zu vermischende Zutaten.

Man schüttelt kurz und kräftig etwa 10 bis 20 Sekunden. Zu langes Schütteln kann die Drinks verwässern (Drinks mit Eiweiß, Eigelb, auch Sours dürfen etwas länger geschüttelt werden).

Mixen ist keine Zirkusvorstellung! Beobachten Sie professionelle Barmixer: Sie schütteln immer waagrecht vom Körper weg zum Körper hin. Die Devise heißt: *Shake the Shaker not yourself!*

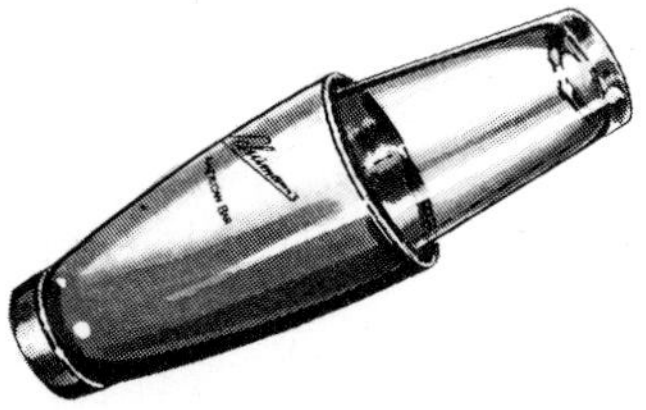

7. Gießen Sie die Gläser aus dem Shaker oder Rührglas nicht auf einmal voll, sondern gießen Sie jeweils zwei oder drei kleinere Portionen ein, damit sich der Cocktail wirklich gut verteilt. Gießen Sie vor allem die Cocktailschalen nicht bis zum Rand voll. Der Barkellner bzw. der Gast dankt es Ihnen, denn nur so kann der Drink ordentlich serviert werden.

8. Drinks und Gläser sollten immer ordentlich und sauber aussehen. Das Auge trinkt mit. Drinks darf und soll man garnieren, ein Drink ist jedoch kein Obstsalat.

9. Halten Sie sich genau an die Maßeinheiten, dann gelingen alle Drinks auf Anhieb.

10. Ein Barmann kann mit wenigen Zutaten ohne weiteres neue Drinks kreieren. Bevor man jedoch experimentiert, sollte man das Metier etwas kennenlernen. Phantasiedrinks sollten sich nicht unbedingt durch große ›Härte‹ auszeichnen.

11. Wenn ein Drink mit Soda aufgegossen wird, mit einem langen Barlöffel umrühren.

12. Eisgekühlte Gläser (im Eisschrank oder Gefrierfach) sind für manche Drinks von großer Wichtigkeit. Es ist ein großer Unterschied, ob man einen Martini Dry im vorgekühlten Glas oder in einer warmen Cocktailschale serviert.

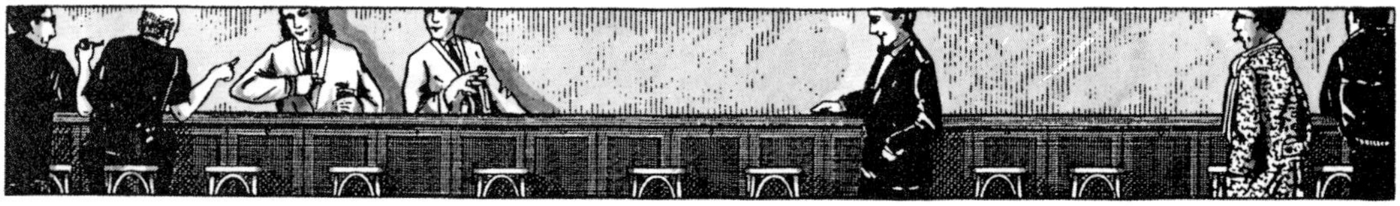

KLEINE COCKTAILKUNDE

Klassische Cocktails bestehen immer nur aus drei Teilen:

1. Basis
2. Modifier
3. Additive (Zusatz)

BASIS

Als Basis eines Cocktails dienen im Regelfalle hochprozentige Spirituosen. Sie sind der Hauptbestandteil, und danach sollten sich alle weiteren Zutaten richten.

Das heißt zum Beispiel ein Whisky sour soll nach Whisky und nicht nach Zitrone schmecken.

Die Zitrone gibt die Geschmacksrichtung an (sour), und der Zucker rundet den Cocktail ab (süßer oder saurer).

Während die Menge der Basisbestandteile bei einem Cocktail eigentlich immer feststeht, kann und soll man bei anderen Zutaten variieren, doch die Hauptgeschmacksrichtung darf nicht verloren gehen.

Bei vielen Spirituosen (Likören, Bitters) können nur einige Tropfen zuviel den Cocktail ungenießbar machen.

Also äußerste Zurückhaltung bei Spirituosen mit starkem Eigengeschmack!

Kleine Cocktailkunde

MODIFIER

Der Modifier ist in den meisten Fällen ein Saft. Zum Beispiel:

Im Daiquiri: Lemon Juice

Im Whisky Sour: Lemon Juice

Im Gimlet: Lime Juice

Der Modifier gibt dem Cocktail die Geschmacksrichtung, süß, fruchtig, trocken. Säfte sind jedoch nicht die einzigen Modifiers. In einem Martini zum Beispiel ist es der Vermouth. So können viele andere Alkoholika als Modifier für den Basisalkohol benützt werden, um sein Aroma hervorzuheben oder abzurunden.

ADDITIVES

Die Additives werden meist in winzigen Mengen dazugegeben, sie dürfen die Richtung des Cocktails auf keinen Fall verändern, sollen sie jedoch abrunden. Sie können ihn interessanter, spritziger und angenehmer machen.

Additives können Zucker, Tropfen von Angostura, Sirups, Liköre, Bitters usw. sein.

So wird ein Champagner-Cocktail mit einem Tropfen Angostura oder Grenadine runder und bekömmlicher.

Gregor von Rezzori

Es hat in meinem Leben Zeiten gegeben, da flogen die Tage hin, als enthielten sie nicht die geringste Beschwerlichkeit. Nicht nur Jugendzeiten, bitte sehr, sondern auch solche der Mannesblüte und des Lebensherbstes, wenn's schon nicht heißen soll: der Manneswelke. Merkwürdigerweise verbindet sich die Erinnerung an solche unbeschwerten Zeiten ausnahmslos mit der an irgendein anregendes Getränk.

Freilich muß gleich festgestellt werden, daß man hier nicht Wirkungen und Ursachen durcheinanderwürfeln darf. Zwar ist es außer jedem Zweifel so, daß eine steigernde Wirkung zwischen hochgemuter Laune und anregenden Getränken besteht. Aber das soll niemanden zum Trugschluß verleiten, die gute Laune ergebe sich aus dem Griff nach der Flasche. Nein, umgekehrt: die gute Laune führt die Hand dabei. Wenn ich mich recht erinnere, so waren's hauptsächlich die guten Zeiten meines Lebens, in denen meine Hand diesen Griff vollführte.

Und versteht man unter einem anregenden Getränk nicht eine Tasse Kaffee oder ein Glas Coca-Cola, wie das vielleicht naive Gemüter tun, sondern etwas, was unter den von Moralisten verpönten Begriff der Alkoholien fällt, so pflegt nach meiner nicht gerade bescheidenen Erfahrung ein Schluck davon die gute Laune so zu steigern, daß die Hand flugs und wie von selbst zum zweiten und vielleicht zum dritten Griff danach ansetzt.

Mit Rücksicht auf jugendliche Leser, denen diese Zeilen in die Hand fallen könnten, muß fortan bei dieser Untersuchung (denn um eine solche handelt sich's) mit äußerster Genauigkeit vorgegangen werden.

Also: Ein Mensch, der in guter Laune mehr als einen, ja bisweilen sogar mehr als zwei oder drei Schluck Alkohol zu sich nimmt, ist nicht zwangsläufig ein Alkoholiker, auch wenn üble Zungen ihm das nachsagen. Wie gesagt: ich spreche aus Erfahrung. Wenn man mich nicht ärgert, bin ich immer guter Laune und heiße alles, was sie steigern könnte, hochwillkommen.

Zum Zeugnis, daß ich deshalb noch kein Alkoholiker bin, mag der Hinweis dienen, daß ich leider nur allzuoft geärgert werde und nur in den seltensten

Fällen auch den Ärger zum Anlaß eines Griffes nach der Flasche nehme. Aber dann, au Mann! . . .

Vielleicht sollte ich nicht versäumen, den Leser in Kenntnis zu setzen, welches der Gegenstand dieser Untersuchung ist. Es geht um eben die erwähnten anregenden alkoholischen Getränke, gleichviel, ob sie appetitanregend, geistig befeuernd oder libidofördernd seien. Ich erlaube mir, meine zwar erfahrungsreiche, aber keineswegs vorbildliche Person dabei in den Vordergrund zu stellen, weil solcherlei Getränke meistens am späteren Morgen genossen werden, vor einem Essen, das von anderen beschwichtigenderen Getränken begleitet wird. Es geht um sogenannte Aperitifs.

In Hinsicht auf diese bin ich ein gutes Hilfsmittel für die wissenschaftliche Untersuchung. Denn ich gehöre zu den Menschen, die besonders morgens — wenn man sie nicht ärgert — der allerbesten, sonnigsten Laune sind und dieselbe gern gesteigert haben. Ärgert man mich aber — dann, au Mann!

Übrigens bin ich sozusagen gleichen Alters mit den Aperitifs. Denn diese anregenden Getränke sind in den ersten Dezennien unseres Jahrhunderts in Schwung gekommen, weniger durch die Franzosen, denen wir das Wort verdanken, weil sie immer schon gern vor dem Essen einen appetitanregenden Schluck genommen haben, als vielmehr durch die Amerikaner, deren Sitten und Gebräuche damals vorbildgebend zu werden begannen, darunter auch die Gewohnheit, vor dem Essen einen *durst*anregenden Schluck zu trinken.

Vielleicht ist man damit einem angelsächsischen Erbe auf der Spur. Engländer trinken gern vor dem Essen leichtes oder schweres Bier ebensowohl wie Whisky oder Gin und was sonst man sich in den Rachen gießen kann. Aber sie sind ja auch nicht so raffiniert wie die Franzosen. Die Franzosen tranken — und trinken in der großen Masse heute noch als Aperitif einen Schluck Wein. In gehobenen Kreisen, auch außerhalb von Frankreich, ersetzte man einen *coup de rouge* durch ein Gläschen Sherry.

Auch Sherry ist ein Wein, und der beste, den man vor dem Essen trinken kann, ist ein Manzanilla, den man am frischesten und anregendsten am Ort seines Ursprungs bei Jerez de la Frontera trinkt. Obwohl das ganz nah der Bucht ist, von der aus Kolumbus zur Entdekkung des Neuen Kontinents in See stach, fanden das die Amerikaner offenbar zu weit weg vom Schuß. Sie wandten sich — und damit auch uns, ihre feurigen Imitatoren — jenen teuflischen Mischgetränken zu, die man Cocktails nennt.

Die Tage der High-balls und Dry Martinis, der Sidecars und Whisky sours fielen zusammen mit den goldenen Zeiten meiner Jugend, in denen die Sorge mich nicht plagte, daß drei, vier oder gar mehr Schlucke eines dieser Mischlinge hätte des Tages Arbeit beeinträchtigen können. Weil ich aus der tiefen Einsicht, daß Arbeit oft die Vergnügungen des Menschenlebens beeinträchtigt, einer solchen mit schlangengleicher Gewandtheit ausgewichen bin.

Allerdings wußte ich Maß zu halten. Ich trank nicht etwa von den schlimmsten der mörderischen Hahnenschwänze — oder jedenfalls nur wenige, wie etwa Martinis, die so trocken waren, daß aus dem kaum vom Wermut überhauchten und kurz in die Nähe einer Zitrone gehaltenen Gin gewissermaßen der Staub aufstieg —, sondern sozusagen moralisch ausgewogenere Mischungen, vor allem Dubonnet mit Gin.

Nach elf Uhr morgens regelmäßig bis zum Mittagsmahl getrunken, ist dies ein Durstanreger, der den Wein zum Essen nicht etwa als dessen anmutigen Begleiter erscheinen läßt, sondern als unabdingbares Spülmittel, das die Nahrung von der gleicherweise klebrigen wie brennenden Zunge löst.

In späteren Jahren bin ich aus derselben Erwägung ganz und gar zu Durstanregern wie den prachtvollen italienischen Kräuterweinen übergegangen, Punt e mes und Carpano oder Martini Rosso an der Spitze. Der rote Chianti, der viel Gerbsäure enthält, eignet sich gut dazu als Gegenmittel, auch der Appetit wird davon durchaus nicht beeinträchtigt, im Gegenteil. Was leidet, ist lediglich die Keimdrüse. Aber zu Zeiten der Mannesblüte spielt das kaum eine Rolle.

Erst in den allerletzten Jahren, nämlich denen der einsetzenden Manneswelke, richtete sich mein Augenmerk zunehmend auch auf die dritte der anregenden Wirkungen von Aperitifs, nämlich — neben denen der Appetit- und Durstbefeuerung — auf die libidinöse Förderung. Weil man im hohen Alter ja auch bei den beiden ersten Vorsicht walten lassen muß und möglichst auf die dritte und letzte zielt, eignet sich dazu am besten ein leichtes, ich möchte fast sagen: ätherisches flüchtiges Getränk, nämlich Champagner oder egal Sekt.

Mit einer solchen Verklärung geht auch das Jahrhundert der Amerikanik zu Ende. Die wilden Westler aus Übersee zivilisieren sich und streben heim in Mutter Europas Schoß.

Dankbar für die gute Laune, die von den belebenden Getränken ihres Geschmacks mein Leben lang gesteigert worden ist, will ich sie mit dem Besten empfangen, was daraus sprudelt . . .

Aperitifs

Der Aperitif soll den Appetit anregen, die Zeit vor dem Essen verkürzen, aber auf keinen Fall den Hunger stillen oder die Geschmacksnerven abtöten.

In Amerika wird er deshalb auch Before-dinner-drink oder Starter genannt.

Klassische Aperitifs sind:

Sherry (Dry, Medium, Sweet)

Vermouth (Bianco, Rosso)

Cynar, Dubonnet, Campari

Viele dieser Aperitifs kann man unvermischt trinken. Campari und Vermouth eignen sich jedoch besonders gut zum Mixen (Rühren). Es gibt viele Cocktails, denen sie als Basis dienen oder die nur mit ihnen zubereitet werden.

In südlichen Ländern sind Aperitifs mit Bitter- oder Anisgeschmack besonders beliebt, so zum Beispiel:
Pernod, Pastis, Campari, Dubonnet, Ouzo.

Selbstverständlich können auch die meisten Champagnercocktails als Aperitifgetränke empfohlen werden, natürlich keine Champagnerflips, die wären vor dem Essen zu schwer.

Der klassische amerikanische Before-dinner-drink ist der Martini Dry, dessen Mischungsverhältnis sich immer wieder verändert hat, jedoch sollte es — so meine ich — auf keinen Fall ein Gin pur sein!

Da es auch in den Staaten immer weniger Hard Drinkers gibt, die Trinkgewohnheiten sich geändert haben, ist das Spritzel (Weißwein mit Soda) dem Martini Dry hart auf den Fersen und, nicht zu vergessen, das kleine Bier, das nicht nur in Deutschland *das* Aperitifgetränk ist.

Alle Barmänner dieser Welt sollten sich endlich einmal dagegen auflehnen — gute tun es sowieso —, daß manche Gäste bereits vor dem Essen ihren Magen und ihre Geschmacksnerven so belasten, daß sie eigentlich erst einen Tag hungern müßten, um in den wirklichen Genuß ihres Essens zu gelangen.

Aperitifstunde heißt auf das Essen hinführen und dem Gast etwas servieren, das ihn aufrecht und mit Appetit an den Tisch gehen läßt.

Aperitifs

Martini — unzählige Freundschaften gingen bei Streitgesprächen darüber, wie man einen trockenen Martini *rühren*, nicht mixen, muß, in die Brüche.

Auch hier hat sich, wie bei vielen klassischen Cocktails, im Laufe der Zeit die Art der Zubereitung total verändert.

Früher war es ein Vermouth mit Gin. Vermouth Dry war der Hauptbestandteil.

Erst viel später wurde daraus ein Martini Dry, bei dem Vermouth kaum noch eine Rolle spielt.

Auf vielen Barkarten wird er als *der trockenste* der ganzen Stadt angepriesen.

Martini Dry dürfte er dann eigentlich nicht mehr heißen, denn oft ist es nur noch Gin.

Einige Bartender behaupten, es würde reichen, wenn man mit einer Vermouthflasche einmal kurz am Rührglas vorbeigeht.

Andere gehen immerhin soweit, daß sie in ein mit viel Eis gefülltes Rührglas etwas Vermouth Dry — französischer muß es sein (für Amerikaner ihr eigener) — gießen, kräftig rühren, dann mit dem Barsieb die Flüssigkeit abgießen, den Gin auf das nach Vermouth duftende Eis geben, kräftig rühren, und dann — sehr wichtig — das Ganze ins vorgekühlte Cocktailglas abseihen. Dazu gibt man eine Olive, oder man spritzt mit einer Zitronenschale ab.

Das gleiche mit Wodka nennt man *Wodkatini*, mit weißem Rum und einer schwarzen Olive *Black Devil*, mit Perlzwiebel *Gibson*.

Ich meine, ein Martini Dry sollte nicht nur aus gerührtem Gin bestehen. Er sollte im Verhältnis 1:6 oder 1:8, d.h.:
1 Teil Vermouth Dry, 6 Teile Gin
gemischt werden.

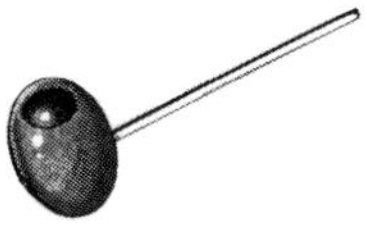

Aperitifs

Martini Dry

6-8 cl Gin
1 cl Vermouth Dry
(Noilly Prat)
Olive oder Zitronenschale

Zutaten in ein mit viel Eiswürfeln gefülltes Rührglas gießen, so lange rühren, bis die Kälte durch das Glas dringt, dann in eine vorgekühlte Cocktailschale abseihen, Olive dazugeben oder mit Zitronenschale abspritzen.

Americano, Negroni

3 cl Campari
3 cl Vermouth Rosso
Orangen- und Zitronenschale

Zutaten auf Eis im Aperitif-Glas rühren, mit Orangen- und Zitronenschale abspritzen. Eventuell mit etwas Soda aufgießen. Mit einem Schuß (1-2 cl) Gin heißt der Drink NEGRONI. Natürlich kann man bei beiden Drinks die Vermouths variieren.

Bunueloni

2 cl Carpano
3 cl Gin
2 cl Vermouth Bianco

Zutaten auf Eis im Aperitif-Glas verrühren. Kann auch mit etwas Soda aufgegossen werden.

Le Kir

Crème de Cassis
trockener Weißwein

In ein Ballon-Glas einen Spritzer Crème de Cassis geben, mit Weißwein auffüllen.
KIR ROYAL
(siehe Champagner-Drinks)

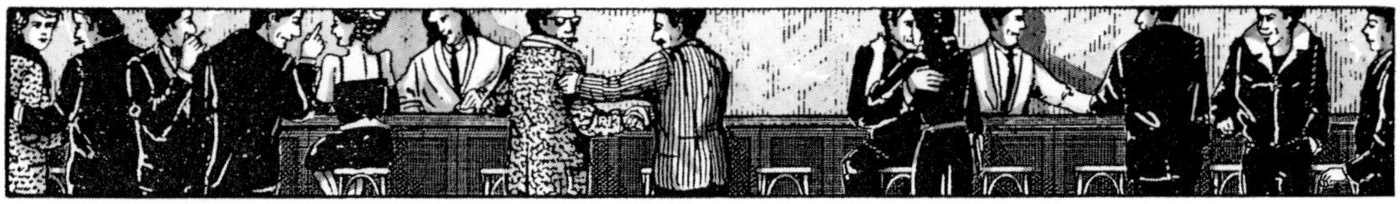

Aperitifs

Adonis

2 cl Sherry Dry
2 cl Vermouth Bianco
1 cl Vermouth Rosso
1 Spritzer Orange Bitter

Zutaten im Rührglas auf Eis rühren, in vorgekühlte Cocktailschale gießen.

Five O'Clock

2 cl Gin
2 cl weißer Rum
2 cl Vermouth Rosso
2 cl Orange Juice

Zutaten auf Eis im Shaker schütteln, in eine vorgekühlte Cocktailschale gießen.

Brazil

3 cl Sherry Dry
3 cl Vermouth Dry
1 Spritzer Pernod
Zitronenschale

Zutaten im Rührglas auf Eis rühren. In vorgekühlte Cocktailschale gießen, mit Zitronenschale abspritzen. Die Schale dazugeben.

Bitter Sweet

3 cl Vermouth Bianco
3 cl Vermouth Dry
1 Spritzer Angostura
Orangenschale

Zutaten im Rührglas auf Eis verrühren, in eine Cocktailschale füllen.
Mit Orangenschale abspritzen und diese dazugeben.
(Kann auch im Aperitifglas auf Eis zubereitet werden.)

Aperitifs

Campari Cocktail

3 cl Campari
2 cl Wodka
1 Spritzer Angostura
Zitronenschale

Zutaten im Rührglas auf viel Eis verrühren, in vorgekühlte Cocktailschale abgießen. Mit Zitronenschale abspritzen und diese dazugeben.

Cardinal

2 cl Gin
2 cl Campari
2 cl Vermouth Dry
Zitronenschale

Zutaten im Rührglas auf Eis verrühren, in Cocktailschale abgießen. Mit Zitronenschale abspritzen und diese dazugeben.

Eastwind

2 cl Wodka
2 cl Vermouth Rosso
2 cl Vermouth Dry
Zitronen- und Orangenviertel

Zutaten im Aperitif-Glas auf Eis verrühren, Orangen- und Zitronenviertel dazugeben.

East India

3 cl Sherry Sweet
3 cl Vermouth Dry
1 Spritzer Orange Bitter

Zutaten im Rührglas auf viel Eis rühren, in vorgekühlte Cocktailschale gießen.

Aperitifs

Rolls Royce

2 cl Vermouth Dry
2 cl Vermouth Bianco
2 cl Gin
1 Spritzer Bénédictine

Zutaten im Rührglas auf viel Eis rühren, in Cocktailschale abgießen.

Fallen Leaves

2 cl Calvados
2 cl Vermouth Rosso
1 cl Vermouth Dry
Zitronenschale

Zutaten im Rührglas auf viel Eis rühren, in vorgekühlte Cocktailschale gießen, mit Zitronenschale abspritzen.

Rose

3 cl Kirschwasser
3 cl Vermouth Dry
Spritzer Grenadine

Zutaten im Rührglas auf viel Eis rühren, in eine vorgekühlte kleine Cocktailschale abseihen.

Dubonnet Cassis

6 cl Dubonnet
3 cl Crème de Cassis
Soda
Zitronenviertel

Zutaten im Longdrink-Glas auf Eis verrühren, mit Soda auffüllen, mit einem Zitronenviertel abspritzen und dazugeben.

Aperitifs

Merry Widow

4 cl Dubonnet
4 cl Vermouth Dry
Zitronenschale
Orangenviertel

Zutaten auf Eis im Aperitif-Glas verrühren, mit Zitronenschale abspritzen, ein Orangenviertel dazugeben.

Pernod / Ricard

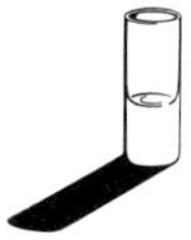

4-6 cl Pernod oder Ricard
Wasser

Pernod oder Ricard in ein Glas mit Eis geben, mit Wasser aufgießen.

Perroquet, Tomate

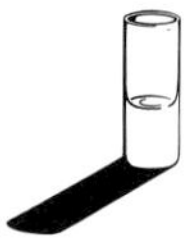

1 cl Sirop de Menthe
3 cl Pernod
Wasser oder Soda

Pernod und Sirop de Menthe auf Eis im Aperitif-Glas rühren, mit Wasser oder Soda auffüllen, umrühren.
Für TOMATE wird anstelle von Sirop de Menthe — Sirop de Grenadine verwendet.

Macaroni

3 cl Vermouth Bianco
1 Spritzer Pernod
Soda oder Wasser

Zutaten auf Eis im Aperitif-Glas verrühren, mit Soda oder Wasser aufgießen.

Aperitifs

Foggy Day * 1980

4 cl Gin
1 cl Pernod
Zitronenschale

Gin und Pernod in ein mit Eis gefülltes Longdrink-Glas geben, mit Wasser auffüllen, Zitronenschale dazugeben.

Late Mistral * 1980

4 cl Wodka
1 cl Ricard
Zitronenschale

Wodka und Ricard in ein mit Eis gefülltes Longdrink-Glas geben, mit Wasser auffüllen, Zitronenschale dazugeben.

April Shower

3 cl Brandy
1 cl Bénédictine
3 cl Orange Juice

Zutaten im Shaker auf Eis kräftig schütteln, in vorgekühlte Cocktailschale gießen.

Cynar Cocktail

3 cl Cynar
3 cl Vermouth Bianco
Orangenviertel

Zutaten auf Eis im Aperitif-Glas verrühren, Orangenviertel dazugeben.

Michael Krüger

1
Geh nicht zu oft zu Schumann's, deine voyeuristische Schaulust könnte Schaden nehmen; kein Gesicht hält deine tägliche Prüfung aus.

2
Sei pünktlich (21 Uhr), um die Parade der Heiligen sitzend abnehmen zu können: der Voyeur lebt vom richtigen Augenblick in entspannter Haltung.

3
Suche dir einen strategisch günstigen Platz, am besten am Ecktisch links hinten im vorderen Raum oder bei den Toiletten im hinteren Raum.

4
Achte darauf, daß du mit dem Rücken zur Wand sitzt, andernfalls siehst du gar nichts, was deinen Schautrieb erschlaffen läßt.

5
Mache unbedingt ein abweisendes Gesicht, damit sich keiner zu dir setzt und dein ungezügeltes Schauen unterbricht.

10 Ratschläge für Voyeure

6
Laß dich auf keinen Fall in Gespräche verwickeln, sie sind grundsätzlich weniger interessant als die Ergebnisse deiner Augenforschung.

7
Der erfahrene Voyeur spricht nicht, er schaut: Alle Personen, die etwas zu erzählen haben, sind deine natürlichen Feinde, zu deren Beobachtung du eingekehrt bist.

8
Gib nie Feuer, laß dir Feuer geben.

9
Laß dich nicht verwechseln; wenn man dich anstarrt, lächle nicht, sondern wende aufseufzend den Blick.

10
Wenn du nach einem erfolgreich durchschauten Abend die Bar wortlos verläßt, überlasse dich der ziehenden Leere des Alleinseins — sie gehört zum Voyeur und ist das beste Indiz für eine baldige Rückkehr.

Jean Svensson

Das Auffälligste an dem Mann, der fast immer der erste Gast ist, sind seine melancholischen dunklen Augen; das Unauffälligste seine Eleganz. Hierin unterscheidet er sich deutlich von den beiden anderen ersten Gästen, deren Vater er sein könnte. Der dünne blasse Mann, auf seinem Stammplatz an der linken Seite des Raumes, legt auf Kleidung keinen Wert. Sein Kopf ist mit Dingen beschäftigt, die für Gedanken an Kleidung keinen Raum lassen. Sein Blick ist nach innen gerichtet, und er schweigt, aber Hegel als Stichwort lassen seine Augen und seine Sprache lebendig werden.

Der dritte Mann hat seinen Platz an der Theke, in der strategisch günstigsten Ecke, von der man den besten Überblick hat. Er mißt den Wert von Kleidung an ihrer Zweckmäßigkeit. Seine alten, soliden Jacken haben immer genug Taschen, aus denen er Papier, Schreiber, Pfeifen und Tabak kramt, und wenn er seinen blanken, bärtigen Schädel beim Schreiben über seine Zettel beugt, ist auch er, wie die beiden anderen, Nutznießer der heiligen, frühabendlichen Stille.

Diese drei Männer wissen, warum sie in diese Bar gehen. Und weil Charles Schumann und seine Bartender es auch wissen, sind die drei Männer hier zu Hause. Ein paar andere sind hier auch zu Hause, und die Art, wie sie ihre Drinks bestellen, ist die Art von Männern, für die die Stille frühabendlicher Bars Teil ihrer Existenz geworden ist. Sie kennen sich alle, und daß sie nur wenig miteinander sprechen, liegt daran, daß sie sich zu ähnlich sind.

Miteinander sprechen könnte als Versuch ausgelegt werden, Einsamkeit zu überwinden und damit Einsamkeit einzugestehen. Sie verziehen fast unmerklich die Gesichter, wenn die Bar sich langsam füllt, wenn die Feierabendtrinker kommen, und wenn Ben Websters oder Coleman Hawkins kostbare schwarze Noten, die der Stille jene ferne Andeutung von Leid gaben, das der Inhalt jeder mit Whisky gelebten Stille ist, nur noch Hintergrund sind. Warmer, schwarzer Saxophonklang, der sich wie resignierend zurückzieht und Raum lassen muß für die vehement vorgetragenen Wichtigkeiten und Unwichtigkeiten eines langen Arbeitstages.

Diese Feierabendtrinker sind eine aufgekratzte Meute. Sie haben sich den ganzen Tag über in vornehmer Zurückhaltung üben müssen, in ihren vornehmen Geschäften an der Maximilianstraße, in ihren Anwaltspraxen, Fashionläden und Agenturen, und jetzt jagen sie die Vornehmheit mit ein paar Drinks zum Teufel und benehmen sich wieder wie normale Menschen. Wenn sie können. Einige können nicht und werden wohl bis zum Schluß vornehm bleiben müssen. Rolle als Identität.

Wie ein paar von der Filmclique, die nach den Feierabendtrinkern aufkreuzt, Leute, die auch nicht mehr in die Wirklichkeit zurückfinden und ihr oft geprobtes, viel gelobtes Lächeln hierhertragen, weil sie ohne Publikum nicht leben können. Und das Publikum lächelt zurück.

Jeder hat instinktiv begriffen, daß jeder hier seinen Platz hat, und Toleranz ist für nicht wenige vom Mittel zum Zweck zur festen Haltung geworden. Ein Lernprozeß, der seinen Ursprung in Schumann's Haltung hat. Geist des Hauses, sozusagen. Ein schrill gefärbter Paradiesvogel, dessen Aufzug nadelgestreiften Naturen Augenschmerzen bereiten könnte, wird nicht anders bedient als ein nadelgestreifter Businessman.

Sie kommen spät, die Schrillen, sie haben lange geschlafen und viel Zeit vor dem Spiegel verbracht. Die Löcher in den Hemden sehen wie zufällig und die Augenschatten fast nach richtigem Leben aus. Und keine Kellneraugenbraue hebt sich. Die jungen Männer in Weiß arbeiten hart um diese Zeit, gegen Mitternacht, und ihre anfangs gemessene Aufmerksamkeit, die ganz denen gewidmet war, die hier zu Hause sind, gilt jetzt der Menge, die für sie, und das ist ein Teil ihrer Kunst, nie gesichtslos ist. Die schwarz- und abendkleidgewandeten Theater- und Opernbesucher, denen oft die Anstrengung einer tapfer durchgehaltenen Vorstellung die Züge verwischt hat, kommen in den Genuß ihres sanften Mitleids wie die Dichter, Zeitungsschreiber und ein paar als Künstler Verkleidete, denen der Alkohol mitunter die Phantasie laut werden läßt, in den ihrer freundlichen Nachsicht. Ihre wahre Liebe aber gilt den stillen Trinkern, die sich ihre Zugehörigkeit zur Familie nicht mit Geld erkauft haben. Geld wird hier nicht honoriert, und auch in der größten Hektik zeigen sie unaufgefordert und mit dezenter Fürsorge ihre Verantwortung für das Wohlbefinden der Stillen.

Aber sie können auch anders sein. Sehr wortkarg und kühl. Sie sind es nicht gern und gehen jedesmal ein Risiko ein, wenn sie, meistens nach Mitternacht, jenen Figuren, welche die Kunst des Trinkens mit Saufen verwechselt haben, den laut-

stark geforderten Nachschub verweigern. Schon manch aufgeblasener Rolexprotz ist hier wieder auf sein natürliches Mittelmaß zurechtgestutzt worden und hat daraus gelernt. Entweder wegzubleiben oder die Regeln menschlichen Zusammenseins zu respektieren. Einige Leute kommen nur einmal. Es sind Leute, die sich zur späten Stunde etwas zu lässig durch die Menge schieben, mit schnellen wachen Augen und irgend etwas in den Gesichtern, das nachdenklich stimmt. Nighthawkes. Nachtfalken auf der Jagd. Man muß ein gutes Auge haben, um sie zu erkennen.

Barkeeper, die guten Geister der Nacht, sind entfernt mit ihnen verwandt, wie gute Polizisten entfernt mit Gangstern verwandt sind. Sie erkennen sie, wittern Gefahr für ihre Bar, Trouble, und bedienen sie nicht. Oft mit bleichen Gesichtern. Nighthawkes sind rauh. Sie entfernen sich wieder und lassen etwas zurück, das fühlbar in der Luft liegt, und mit dem Charles Schumann und seine jungen Männer leben müssen: Haß.

Aber ein Barowner darf kein Weichmann sein und muß sein Recht, Gäste einzulassen oder abzulehnen, konsequent verteidigen. Hier werden nur wenige abgelehnt, die meisten sind willkommen. Wie jene besondere Kaste, die zur sehr späten Stunde erscheint und mit ihren müden Gesichtern, die die Spuren harter Nachtarbeit tragen, keiner Bar mehr Glanz verleiht.

Kollegen aus der Branche, Kellner, Keeper, Musiker, Leute, deren Job es ist, die Nächte nicht vorzeitig unter die Bettdecke kippen zu lassen. Sie nehmen noch schnell one for the road. Zu aufgekratzt, um schlafen zu gehen, und zu müde, um festzuwachsen.

Die Bar ist ruhiger geworden um diese Zeit, und die Gäste sind leicht zu unterscheiden. Die Profis kleben immer noch mit Haltung an der Theke und trinken ihren Champagner, ohne ihn jedoch zu verschütten.

Der Rest hat harte Schatten im Gesicht, spricht mit Mühe und verschüttet. Die Keeper blicken unauffällig auf ihre Uhren und wehren sich mit alten Witzen gegen ihre Müdigkeit. Wie mit diesem: Ein Barkeeper geht an einer Bar vorbei! Nachsichtiges Kopfnicken. Die Musik ist jetzt nicht mehr Hintergrund, und wenn es die richtige ist, legt sie den letzten Gästen, und mitunter sind ein paar der ersten unter ihnen, bei ihrem Aufbruch in den frühen Morgen sanfte weiche Noten unter die Seelen.

Schumann's

Digestifs

In Frankreich habe ich in guten Lokalen immer wieder gesehen, daß nach einem exzellenten Essen sofort Champagner serviert wurde. Ich finde, dies ist eine Beleidigung für den Koch. Als Restaurant-Kellner würde ich darauf bestehen, daß die Gäste einen alten Cognac, Armagnac oder Whisky zu sich nehmen.

Churchill soll einen uralten Port und eine Havannazigarre zum Abschluß eines festlichen Essens genossen haben. Eine treffliche Idee.

Wenn jemand den Abend nach einem guten Essen in einer Bar beschließt und den Barkeeper nach einem Abschlußdrink fragt, so hat dieser eine Unmenge Möglichkeiten, seinen Gast zufriedenzustellen.

Zunächst würde ich als Digestif jedem eine Spirituose pur empfehlen. Ein guter Cognac, Armagnac, Whisky oder eben auch ein guter Portwein ist sicher für den Magen der angenehmste Abschluß eines Essens.

Ein Whisky pur ist aber nicht jedermanns Sache. Dann biete ich einen der klassischen Drinks an, bei denen die Basis (also die Spirituose) mit einem Likör leicht gesüßt wird. Das schmeckt angenehmer *(Rusty Nail, Golden Nail* etc.).

Für Gäste, die nach dem Essen auf ihr Dessert verzichtet haben und dann in der Bar doch Appetit auf Süßes bekommen, ist sicher ein Cocktail mit Sahne und Likör das richtige *(Golden Cadillac, Golden Dream* etc.).

Wer ein richtig schweres Essen hinter sich hat, der braucht sicher einen Kräuterlikör, damit er sich wieder leichter fühlt; und den serviere ich pur.

Sie sollten einmal ausprobieren, wie verschiedene Digestifs sich auf Ihr Wohlbefinden auswirken können und nach welchem Essen Sie welchen Drink bevorzugen.

DIGESTIFS

RUSTY NAIL

4 cl Scotch
2 cl Drambuie

Zutaten im Glas (Tumbler) auf Eis verrühren.

GOLDEN NAIL

4 cl Bourbon
2 cl Southern Comfort

Zutaten im Glas auf Eis verrühren.

WODKA STINGER

4 cl Wodka
2 cl Crème de Menthe, weiß

Im Glas auf Eis verrühren.
Die Mengen der beiden Spirituosen können variiert werden.
Nimmt man anstelle von Wodka Brandy, so heißt der Drink BRANDY STINGER.

GOD MOTHER

4 cl Wodka
2 cl Amaretto

Im Tumbler auf Eis verrühren.

Digestifs

God Father

4 cl Bourbon
2 cl Amaretto

Im Tumbler auf Eis verrühren.

Dirty Mother

3 cl Brandy
2 cl Kahlua

Zutaten im Tumbler auf Eis verrühren.
Mit süßer Sahne heißt der Drink
DIRTY WHITE MOTHER.

Grasshopper

3 cl Crème de Cacao, weiß
1 bis 1 1/2 cl Crème
de Menthe, grün
4 cl Sahne
eventuell frische Minze

Zutaten auf Eis gut schütteln,
in Sour-Glas abgießen
(im Sommer etwas frische Minze
dazugeben).

Golden Dream

2 cl Galliano
2 cl Cointreau
2 cl Orange Juice
2 cl süße Sahne

Alle Zutaten auf Eis im Shaker schütteln,
dann in eine Cocktailschale abgießen.

Digestifs

Golden Cadillac

2 cl Galliano
2 cl Crème de Cacao, weiß
2 cl Orange Juice
2 cl süße Sahne

Zutaten im Shaker auf Eis schütteln, dann in eine Cocktailschale gießen.

Russian Cadillac

* 1981

3 cl Wodka
2 cl Galliano
1 cl Crème de Cacao, weiß
3 cl Sahne

Zutaten auf Eis im Shaker schütteln, in Cocktailschale gießen.

Fifth Avenue

3 cl Crème de Cacao, weiß
2 cl Apricot Brandy
4 cl süße Sahne

Zutaten auf Eis im Shaker kräftig schütteln, in Cocktailschale abgießen.

Cobra

3 cl Galliano
1 cl Amaretto
4 cl süße Sahne

Zutaten auf Eis schütteln, dann in eine Cocktailschale gießen.

Digestifs

Muddy River

4 cl Kahlua
4 cl süße Sahne

Kahlua mit Sahne in das mit drei bis vier Eiswürfeln gefüllte Glas gießen, mit dem Barlöffel umrühren.

Blue Moon

3 cl Tequila
2 cl Galliano
1 cl Curaçao Blue
4 cl süße Sahne

Alle Zutaten auf Eis im Shaker schütteln, dann in eine Cocktailschale abgießen.

Bird of Paradise

2 cl Tequila
2 cl Crème de Cacao, weiß
1 cl Amaretto
4 cl süße Sahne

Zutaten auf Eis im Shaker schütteln, in eine Cocktailschale gießen.

Coconut Dream

2 cl Crème de Cacao, weiß
2 cl Crème de Bananas
2 cl Crème de Coco
4 cl süße Sahne

Zutaten auf Eis im Shaker schütteln, dann in Cocktailschale abgießen.

Digestifs

Polar Bear

4 cl Wodka
2 cl Crème de Cacao, weiß
4 cl süße Sahne

Zutaten auf Eis im Shaker kräftig schütteln, in Cocktailschale abgießen.

Red Snapper

3 cl weißer Rum
2 cl Galliano
1/2 cl Grenadine
4 cl süße Sahne

Zutaten auf Eis im Shaker kräftig schütteln, dann in Cocktailschale abgießen.

Stormy Weather * 1980

2 cl Fernet Branca
2 cl Vermouth Dry
1 cl Crème de Menthe, weiß

Zutaten in ein mit Eiswürfeln gefüllten Tumbler gießen, mit Barlöffel umrühren.

Corpse Reviver I

2 cl Brandy
2 cl Fernet Branca
2 cl Crème de Menthe, weiß

Zutaten im Rührglas auf Eis verrühren; in einer Cocktailschale servieren und ein Glas Eiswasser dazu reichen.

(Nach einem üppigen Mahl)

Gestern gab mir
Highball-Alice,
betrunken wie immer,
ein Glas Quittenmarmelade
und heute pfeift sie
ihrem Kater
aber der kommt
und kommt nicht –
er ist beim Pferderennen,
sitzt vor einem Faß Bier
oder in Zimmer 21
im Crown Hill Hotel
oder er ist in der
Crocker Citizens
National Bank
oder ist morgens
um halb sechs
in New York City
angekommen
mit einem Pappkoffer
und sieben
Dollar.

Neben Alice
auf ihrem Vorplatz
geht eine Papiergans
verkehrt herum
auf einem Karton
mit der Inschrift:
California Oranges.
Highball-Alice pfeift
aber es nützt nichts, es
tut sich nichts.
Mach halblang.
Alle brechen sich einen ab
nur die Götter
nicht.

Jean Svensson · Brief aus Paris

Paris, Oktober '83

Mein lieber Charles!

Die Heimatlosen in den Stunden der Stille nach den Auftritten rüder Kellnerscharen gedenken immer ihres Wirtes, seiner Fürsorge und ihres Platzes mit den Dellen, den ihre Ellbogen in das Holz der heimatlichen Theke gekerbt haben.

Oder bin ich zu weich für das, was sich hier abspielt? Möglich. Aber ich kann einfach diese unmäßige Anhäufung von Kneipenplastik, Neonlicht, Rustikalkitsch, hartäugigen Kellnern, Registrierkassenmentalität und Wohlbefinden nicht unter einen Hut bringen. Ich befinde mich nicht wohl. Kaum ein Café, das zum Verweilen einlädt, zum Ausruhen nach all den langen Märschen, zum Schreiben.

Plastik und Tempo, wohin Du blickst. Sie rennen, jeder rennt hier; selbst auf den schnellen Laufbändern in den großen Metrostationen tragen sie ihre angespannten Gesichter in Windeseile irgendwo hin. Und zu Mittag ein Sandwich und die höheren Chargen zweiundfünfzig Francs das Menü. Und was für ein Menü. Dir dreht sich der Magen um. Nee, mon Cher, hier hat man nur noch Zeit, sich einsargen zu lassen, der Rest ist Karambolage und wenig Ware für viel Geld.

New York ist Welttheater, das die Gier nach dem Dollar mit einem Grinsen kaschiert. Hier erfüllt das Grinsen, wenn überhaupt gegrinst wird, nur einen Zweck: die Zähne zu zeigen. Der Existenzkampf hat dem Witz endgültig den Garaus gemacht. Und sie trinken einen Wein, und alle trinken ihn, mit dem Du Steine zersägen kannst. Aber ich halte mich zusammen. Ich weiche den Chemiebieren aus, stolpere über diesen und jenen Pastis, schnell getrunken und wieder weg, und habe einen Freund mit einer Whiskyausrüstung.

Mit der Arbeit geht's trotz allem voran. Schreiben als Selbstverteidigung gegen diese rüde Stadt, die ich sehr geliebt habe, als ich jung war. Natürlich darf man nichts erwarten, wenn man zurückkommt, aber man ist trotzdem enttäuscht, wenn selbst die letzten Fluchtpunkte, Zufluchtsorte mit eindeutig definierter Bestimmung, die Bars, so ganz anders geworden sind, als man sie verlassen hat. Und das hat nichts mit dem Älterwerden zu tun. Ich stand an dieser Theke, an der Hemingway, Fitzgerald und andere gestanden haben; für mich ein Altar, geheiligte Stätte, da lasse ich mir nicht dreinreden, und zahle sechzehn Franc für einen Fingerhut voll dunklen, irischen Biers, zwanzig mit dem hier so zwanghaft erwarteten Tip, und höre mir das Geschwätz von Parvenus, deutschen Autoverkäufern und baseballbemützten Amerikanern an.

Kein Platz zum Verweilen, lieber Freund, Hemingway und die anderen würden sich im Grabe umdrehen.

Und dann die wenigen, noch intakten Bars und Bistros, die auch der Plastikkultur widerstanden haben, nicht aus Überzeugung, wie ich denke, sondern aus Mangel an Geld: sie stehen alle im Reiseführer.

Von meinem alten Viertel um die Rue de la Huchette herum mag ich gar nicht sprechen. Hier hat sich eine Griechenmafia eingenistet; ein folkloristisch aufgeblasenes, unterdurchschnittliches Eßlokal neben dem anderen, voll mit vollen deutschen und holländischen Wochenendtrinkern, vereint in gröhlender Sirtakiseligkeit.

Und das alte *Storyville*, sicher eine der schönsten Bars in diesem ehemals schönen Viertel, und sie hat nicht die Tour durch die Seiten berühmter Schreiber gemacht, was bezeichnend ist für die Ignoranz der berühmten Schreiber, die mit Musik nichts am Hut hatten, auch wenn sie hin und wieder mal einen Klassiker erwähnen, ist einem touristischen Klamottenladen gewichen. Das werde ich Jack Lang oder dem Heini, der vor ihm dran war, nie verzeihen. Das *Storyville* war ein Schlauch mit einer langen Theke, ein paar kleinen Tischen und einer Beleuchtung, unter der auch die härtesten Trinker ihre Würde behielten und die Tränensäcke nicht bis ans Kinn hingen. Hier sprach ich mit Chet Baker, Budd Powell, Art Blakey und vielen anderen, die im Jazz eine Rolle spielten, und lernte eine ganze Menge über Musik und die Menschen, deren Lebensinhalt sie war und ist.

Hinter der Theke stand Monsieur André, keiner der Gäste hat ihn je André genannt, und hinter ihm, dort, wo in Deiner Bar die Gläser stehen, waren ein paar Tausend Platten aufgereiht. Alles Jazz. Und an keinem der Fächer klebte ein Hinweisschildchen, Mr. André kannte seine Platten und brauchte nie zu suchen.

Mein letzter Besuch bei ihm war gleichzeitig mein Abschied von Paris, und das Ende eines Lebensabschnittes, den man ›Jugend‹ nennt. Der frühe Abend war kalt und die Bar leer, als ich nach ein paar Monaten erzwungener Abwesenheit wieder auf meinem Platz, ich hasse das Wort ›Stammplatz‹, vor der Theke hockte und meine entwöhnten Ellbogen zögernd auf das alte, blanke Holz stützte. Mr. André stellte ein Bier vor mich hin, und in seinem alten, elfenbeinfarbenen Gesicht war nichts, was speziell für mich reserviert war. Seine großen, dunklen Augen, diese besondere Art von Augen, an die man sich lehnen möchte, um sich ganz als Sohn zu fühlen, waren ruhig und freundlich wie immer. Er sprach nicht, und ich war ihm dankbar dafür. Andere hatten geredet und gefragt, als ich kam. Ich war mit meinem Bier beschäftigt, meinem ersten, seit langer Zeit, es schmeckte seltsam bitter, und durch die Stille drang leise das bekannte Rauschen und Knistern aus dem Lautsprecher und dann die bekannten, schweren Paukenschläge, die mir heute noch ein kaltes Kribbeln im Nakken erzeugen, die Einleitung von Art Blakeys *The Sacrifice*. Meine Platte!

Mr. André stand am Ende der Theke und war mit irgend etwas beschäftigt, und ich glaube heute noch, daß die Andeutung eines Lächelns um seinen Mund spielte. Sicher war ich nie. Später, als ich die Rechnung verlangte, schüttelte er den Kopf und sagte einfach: »Sie sind lange nicht hier gewesen.« Wie alle anderen im Quartier wußte auch er, daß ich die letzten Monate in der *Santé* verbracht hatte.

Glaubst Du, daß es solche Barkeeper hier noch gibt? Irgendwie möchte ich es gar nicht glauben. So viel aus Paris, bald mehr.

Ich freue mich auf die heimatliche Theke, aber das hat mit Dir und der Theke zu tun und ganz sicher nicht mit der Behelfsstadt München. *Jean*

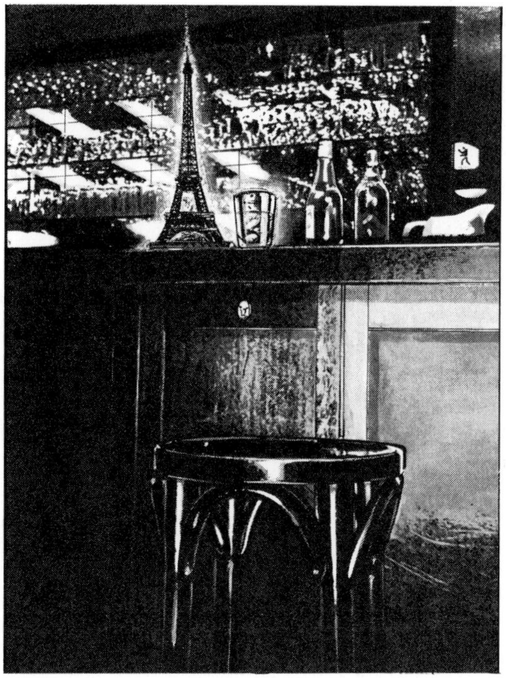

Brandy-Drinks

Brandy is dandy, so heißt es. In England und den USA, wo dieser Spruch häufig gebraucht wird, heißen alle Branntweine, also auch der Cognac ›Brandy‹. Daher werden auch alle Cocktails, die mit Cognac oder Weinbrand hergestellt werden, als Brandy-Drinks bezeichnet.

Bei uns in Deutschland sind fast ausschließlich Cognacs bekannt, d.h. Branntweine, die aus Frankreich, und zwar aus dem relativ kleinen Gebiet um die Stadt Cognac in der Charente herum stammen.

Angeblich hat der Chevalier de la Croix Marron den Cognac erfunden. Er, der dem Wein sehr zugetan war, kam eines Tages auf die Idee, ihn zweimal zu brennen und in Eichenholzfässern zu lagern. Das alles fand schon Anfang des 17. Jahrhunderts statt, doch die Destillation des Cognacs erfolgt auch heute noch nach alten Vorschriften und ist strengen Gesetzen unterworfen.

So wird das Holz für die Fässer noch immer in den Wäldern von Limousin, etwa 150 Kilometer von Cognac entfernt, geschlagen, und die Herstellung dieser Fässer ist so aufwendig und schwierig wie vor Hunderten von Jahren. Der Cognac lagert zunächst in jungen, dann in immer älteren, bereits gebrauchten Fässern, die ihm seine braune Farbe geben — das eigentliche Destillat ist nämlich klar. Ungefähr acht bis zehn Liter Weißwein sind nötig, um einen Liter 70prozentigen Cognac — das ist das Destillat — zu erhalten. Vor der Abfüllung in Flaschen wird er dann mit destilliertem Wasser verdünnt, sein Alkoholgehalt muß aber mindestens noch 40 Prozent betragen.

Bei Schumann's gibt es neben den bekannten Cognacs aber auch viele spanische Brandies, die ich persönlich sehr liebe. Ich trinke sie nach dem Essen in Verbindung mit einem kurzen Espresso, d.h. ich trinke meinen Espresso fast zur Neige und gieße dann den Brandy in die Tasse.

Cognac oder Brandy gelten pur getrunken als klassische Digestifs. Aber es gibt auch beliebte Cocktails, deren Basis sie sind und die weltberühmt wurden.

So sind *Alexander* und *Sidecar* von keiner guten Bar-Karte mehr wegzudenken.

Brandy-Drinks

Side Car

4 cl Cognac
2 cl Cointreau
1-2 cl Lemon Juice

Zutaten auf Eis im Shaker kräftig schütteln, in vorgekühlte Cocktailschale gießen.

Ladies Side Car *1984

3 cl Brandy
1 cl Triple Sec
1 cl Lemon Juice
2 cl Orange Juice

Zutaten auf Eis im Shaker kräftig schütteln, in vorgekühlte Cocktailschale gießen.

Between the Sheets

2 cl Cognac/Brandy
2 cl weißer Rum
2 cl Triple Sec
1 cl Lemon Juice

Zutaten auf Eis im Shaker gut schütteln, in vorgekühlte Cocktailschale gießen.

New Orleans Side Car

2 cl Brandy
2 cl weißer Rum
1 cl Triple Sec
1-2 cl Lemon Juice
Spritzer Pernod und Grenadine

Zutaten im Shaker auf Eis kräftig schütteln, in vorgekühlte Cocktailschale gießen.

Brandy-Drinks

Deauville

2 cl Brandy/Cognac
2 cl Calvados
2 cl Cointreau
2 cl Lemon Juice

Zutaten auf Eis im Shaker schütteln, in Cocktailschale gießen.

Brandy Stinger

4 cl Cognac/Brandy
2 cl Crème de Menthe, weiß

Im Tumbler auf Eis zubereiten. Das Mischverhältnis kann auch verändert werden.

Brandy Sour

4 cl Cognac/Brandy
2 cl Lemon Juice
2 cl Zuckersirup
Cocktailkirsche

Zutaten auf Eis im Shaker kräftig schütteln, in Sour-Glas gießen, mit Cocktailkirsche garnieren.

American Beauty

2 cl Cognac/Brandy
1 cl Vermouth Rosso
1 cl Vermouth Dry
2 cl Orange Juice
1/2 cl Crème de Menthe, weiß
etwas Portwein

Zutaten auf Eis im Shaker schütteln, in einen mit Eis gefüllten Tumbler gießen. Langsam etwas Portwein darübergleiten lassen.

Brandy-Drinks

Cherry Blossom

2 cl Cognac/Brandy
2 cl Cherry Brandy
1 cl Cointreau
3 cl Lemon Juice
1 cl Grenadine

Zutaten auf Eis im Shaker kräftig schütteln, in Sour-Glas abgießen.

Brandy Alexander

4 cl Cognac/Brandy
2 cl Crème de Cacao, braun
3 cl süße Sahne
Muskat

Zutaten auf Eis im Shaker schütteln, in Cocktailschale gießen, Muskat darüber reiben.

Dirty Mother

3 cl Brandy
2 cl Kahlua

Auf Eis im Tumbler zubereiten.

Dirty white Mother

3 cl Brandy
2 cl Kahlua
3 cl süße Sahne

Zutaten kräftig auf Eis im Shaker schütteln, in einen Tumbler auf Eis gießen.

Brandy-Drinks

A and B
* 1982

2 cl Armagnac
2 cl Bénédictine

Zutaten auf Eis
im Glas rühren.

B and B

Mischverhältnis normal
eins zu eins, d. h.
2 cl Cognac/Brandy
2 cl Bénédictine

Zutaten auf Eis im Tumbler rühren.
Wenn im Cognacschwenker
oder Südwein-Glas
serviert wird, muß der Drink
im Rührglas zubereitet werden.

BBC
* 1979

2 cl Brandy
2 cl Bénédictine
3 cl süße Sahne

Zutaten auf Eis im Shaker kräftig
schütteln,
in Cocktailschale gießen.

B and P

2 cl Brandy
2 cl Portwein

Zubereitung und Mischverhältnis
kann variiert werden, wie bei B AND B.
Wird im Südwein-Glas oder Cognac-
schwenker serviert, kann aber auch
auf Eis im Tumbler zubereitet werden.

Brandy-Drinks

Apple Sunrise

4 cl Calvados
8 cl Orange Juice
2 cl Crème de Cassis
Spritzer Lemon Juice

Ein Longdrink-Glas mit gestoßenem Eis bis zur Hälfte füllen.
Calvados hineingießen, Spritzer Zitronensaft dazugeben, danach Crème de Cassis, zum Schluß mit Orangensaft auffüllen, langsam umrühren.

Jack Rose

4 cl Calvados
2-3 cl Lemon Juice
je ein Spritzer Zuckersirup und Grenadine

Zutaten auf Eis im Shaker kräftig schütteln, in vorgekühlte, Cocktailschale gießen.

Bombay

2 cl Brandy
2 cl Vermouth Sweet
1 cl Vermouth Dry
einige Tropfen Pernod

Zutaten im Rührglas kräftig rühren, in vorgekühlte Cocktailschale gießen.

Picasso

3 cl Brandy
2 cl Dubonnet
1 cl Lemon Juice
einige Tropfen Zuckersirup

Zutaten im Shaker auf Eis kräftig schütteln, in vorgekühlte Cocktailschale gießen.

Joachim Kaiser

Aldous Huxley hat einmal sehr hochmütig und kaum unberechtigt gefragt: »Wer amüsiert sich eigentlich in Amüsier-Lokalen?« Er kannte eben das ›Schumann's‹ nicht, jene von Charles' Professionalität gelenkte und gemeisterte ›American Bar‹ an der Maximilianstraße, die übrigens wirklich kein Amüsier-Lokal ist, kein schwüler Barbetrieb mit leichten Mädchen, sondern etwas ganz anderes. Und viel Amüsanteres.

Aber was?

Wer von Herzen vornehm definieren möchte, was sich mühsam unter den Hut einer Definition bringen läßt, tut am besten daran, erst einmal zu beschreiben, worum es sich beim betreffenden Definitionsobjekt keineswegs handelt.

Man kann natürlich — am späten Nachmittag oder kurz vor Mitternacht, wenn die Theater und Konzerte mit ihren Darbietungen gnädigerweise zu Ende gekommen sind — eilig die zu späterer Stunde wahrscheinlich überfüllten Räume betreten: in der Absicht, rasch einen Drink zu konsumieren und dann wieder fortzustreben. Das ist möglich, ist rechtens, wird aber dem Typ und der Lebensform, wie Charles sie an der Ecke Maximilianstraße/Karl-Scharnagel-Ring geschaffen hat, überhaupt nicht gerecht. Man kann auch tierisch bedürftig zu Charles' Krippe eilen, süchtig nach der berühmten, übrigens stets frisch hergestellten Chily-con-carne-Suppe, gierig vielleicht auch nach festerem. Dann wird man sich voll befriedigen und nicht Hungers sterben. Doch daß es im Schumann's auch, und wegen des flotten Service meist überraschend schnell, etwas zu essen und zu trinken gibt; es macht gewiß nicht die Besonderheit jener Welt aus, die Charles da geschaffen hat. Das sind nur die Voraussetzungen, die notwendigen, aber nicht zureichenden Bedingungen zum Entstehen jenes Klimas, nach dem so manche Münchner mittlerweile süchtig sind.

Wer ins Schumann's geht — begibt sich eigentlich auf ein Schiff. Auf ein Schiff, dessen Gemeinschaftsräume so eingerichtet sind, daß man möglichst kaum spüren soll, sich auf einem Schiff zu befinden. (Außer wenn einen, weshalb auch immer, das Gefühl ankommt, der Boden hebe und senke sich ein wenig.)

Auf einem Schiff sein heißt, allem, wovon man sonst umgeben ist, für einige Zeit entronnen sein. Nicht, daß man die Sorgen, die Leidenschaften, die Probleme, die Krankheiten und Eitelkeiten, Pläne und Ärgernisse, von denen man als armer Erdenbürger sonst halt belästigt wird, schlechthin vergessen hätte oder verdrängt. So leicht macht es das Schumann's seinen Passagieren nicht. Es ist ja kein Betäubungsmittel.

Aber an Bord des Schiffes, das von Charles gelenkt wird, stellen sich die Dinge schlechthin anders dar, als man sie in mürrischer Wirklichkeit wahrnimmt. Man kann, was einen sonst bedrängt, hier mit interesselosem Wohlgefallen betrachten. Man ist gewissermaßen enthoben (aber nicht entführt), befreit (aber nicht abgeschnitten).

Wie ein Schiff bildet auch das Schumann's eine kleine Welt. Eine Gemeinschaft mit Passagieren erster, zweiter (und dritter) Klasse. Nur daß die Passagiere selber gar nicht unbedingt wissen, ob sie tatsächlich die erste Klasse sind! In dieser Welt herrschen nämlich andere Gesetze. Hier kann man die erste Klasse, angeberhaft leutselig konsumierend, nicht erkaufen. Wer nur stolz mit Scheinen wedelt, wird es nicht leicht haben, den schlechten Schein zu meiden.

Eine andere träumerische Form des Lebens, der Betrachtung und Reflexion des Lebens, stellt sich in einer solchen American Bar her, für die, die nicht bloß eilig schmausen oder saufen wollen, sondern meditieren und parlieren können. Daß die Wirklichkeit zwar unverschämterweise weiterexistiert, aber hier nicht ›Herrscherin‹ ist, sondern nur fernes Gesprächsobjekt hinten an der Küste, die sich von Schumann's Schiff kaum mehr genau erkennen läßt, lehrt folgende ein-

fache Überlegung. Man stelle sich vor, was denkbar, machbar, aber hoffentlich doch unmöglich ist: nämlich — daß auf jedem Gast-Tisch des Schumann's ein Telefon installiert wäre. Daß alle Geschäftsleute, Schriftsteller, Schauspieler, Journalisten, Söhne und Töchter, die sich für einen Abend zu ihrer Schumann's-Reise zusammengetan haben, telefonisch erreichbar sein könnten! Wie widerlich würde dann die Gegenwart in die Gedanken-Wolke der Schumannianer funken, wie eilig würden Pflichtbewußte aufbrechen, die besser daran täten, sehr faul und ein wenig beschwipst zu sein, wie irdisch schlüge dann denen das Gewissen, die hier des Lebens Ärgernisse schwänzen — die nun greifbar sind und nicht für eine gemessene American-Bar-Abendandacht unerreichbar. . .

Weil Charles genau spürt, welcher von seinen Gästen unbedingt sitzen muß, wer nur ungern steht oder wer liebend gern steht (weil er da nicht fixiert ist und alles hübsch überschauen, überhören kann), darum fühlt ›man‹ sich wohl. Die Gespräche haben ganz verschiedene Charaktere. Da walten gruppenpsychologische Gesetze, die der Alkohol nicht aufhebt, aber entschärft. Die Ur-Schumannianer, die Eingeborenen des Schumann's-Schiffes, reden anders miteinander als jene Neuzugänge, die erst einmal zeigen zu müssen glauben, wer und was und wie klug sie sind. Die Neugierigen, die rasch auch einmal das berühmte Schumann's hinter sich bringen wollen (aber oft genug vom Geist des Hauses in eher entspannte, geduldige Menschen verwandelt werden, die sich Zeit nehmen, weil sie plötzlich begreifen, daß sie Zeit haben), geben sich wiederum anders als die routinierteren Gäste. Denn an ihnen allen arbeitet der genius loci, jenes alltagsferne Geschenk, dem wir auf unserer irdischen Reise so gern — wo und in welcher Gestalt auch immer — begegnen und das die Schumannianer Charles' Noblesse zu danken haben.

Nirgends kommt
der Morgen
rascher.

Da ist er schon.
Charles legt
Carlos Gardel auf
für mich
und für Niemand,
meine ständige Begleitung.

Das letzte Glas
führt auch
zu nichts.
Aber heute
erhebe ich es
auf die Bar.

Peter Hamm
für
Charles

Brut Impérial
Maison fondée en 1743
MOËT & CHANDON
CHAMPAGNE
ÉPERNAY-FRANCE
PRODUCE OF FRANCE
75cl
N M 3 342 272
Vertrieb für Deutschland : Chandon Handelsgesellschaft mbH München

Champagner-Drinks

Champagner gilt auch heute noch als *das* Edelgetränk, wenn auch viele mit ihm umgehen, als wäre er Leitungswasser.

Nach einem harten Arbeitstag oder bei mieser Stimmung hilft er fast jedem wieder auf die Beine, seine sprudelnde Frische regt den Kreislauf an und macht den Kopf wieder frei.

Jährlich werden inzwischen von den großen Champagner-Kellereien ungefähr 180 bis 190 Millionen Flaschen abgefüllt. Und dabei darf nur der französische Schaumwein Champagner genannt werden, der nach einem bestimmten Verfahren aus bestimmten Traubensorten in einem bestimmten Gebiet hergestellt wird.

Champagner gibt es in den Geschmacksrichtungen Brut, Extra Dry, Sec und Demi Sec.

Für die Herstellung von Cocktails eignen sich vor allem die trockenen Sorten.

Champagner-Cocktails kann und darf man zu jeder Tageszeit trinken.

Man kann sie schon zum Frühstück servieren, sie können mittags auf ein gutes Essen als Aperitif einstimmen, am Nachmittag heben sie zur Cocktail-Stunde die müden Lebensgeister, am späten Abend sind sie der krönende Abschluß eines gelungenen Tages, und während einer langen Nacht helfen sie oft, den müden Punkt zu überwinden.

Ich empfehle sie meinen Gästen, wenn sie sich physisch oder psychisch nicht fit fühlen.

Besonders gut verträgt sich Champagner mit frisch gepreßten Säften, da gibt es nicht nur die berühmte Mischung mit Orangensaft, sondern viele andere interessante und anregende Drinks.

Edelobstbrände, vorsichtig mit Champagner vermischt, können ihr kräftiges Aroma nahezu perfekt entwickeln.

Auch einige Drinks, in denen Champagner eine Verbindung mit Likör eingeht, haben Berühmtheit erlangt.

In vielen Liedern und Geschichten, aber auch in Anekdoten spielt Champagner eine Rolle. So wird zum Beispiel von Napoleon erzählt, daß er jedesmal auf dem Weg zu einer Schlacht in Epernay vorbeifuhr und sich einen Wagen mit Champagner volladen ließ. Nur auf dem Wege nach Waterloo scheute er den Umweg . . .

Champagner-Drinks

Champagner Cocktail

1 Stück Würfelzucker
Angostura
Champagner

Würfelzucker in den Champagnerkelch geben, mit Angostura tränken, dann mit Champagner auffüllen.

Ritz

2 cl Cognac
2 cl Cointreau
2 cl Orange Juice
Champagner

Zutaten im Shaker schütteln, in Champagnerkelch gießen, mit Champagner auffüllen.

Mimosa

4 cl Orange Juice
Champagner

Orangensaft in Champagnerkelch geben, vorsichtig mit Champagner auffüllen.

Black Velvet

6 cl Guinness
Champagner

Guinness in Champagnerkelch gießen, ganz langsam mit Champagner auffüllen.

CHAMPAGNER-DRINKS

PICK ME UP

3 cl Cognac
1-2 cl Lemon Juice
je ein Spritzer Grenadine
und Angostura
Champagner

Zutaten auf Eis im Shaker kräftig schütteln, in Champagnerkelch gießen, mit Champagner auffüllen.

FRENCH 68 * 1982

Calvados und Brandy
(zusammen 3 cl)
1 cl Lemon Juice
Zuckersirup oder Grenadine
Champagner

Zutaten gut schütteln, in Champagnerkelch abseihen, mit Champagner auffüllen.

FRENCH 75

3 cl Gin
1 cl Lemon Juice
Zuckersirup oder Grenadine
Champagner

Zutaten gut schütteln, in Champagnerkelch abseihen, mit Champagner auffüllen.

FRENCH 76

3 cl Wodka
1 cl Lemon Juice
Zuckersirup oder Grenadine
Champagner

Zutaten gut schütteln, in Champagnerkelch abseihen, mit Champagner auffüllen.

Champagner-Drinks

Prince of Wales

2 cl Cognac
1 cl Curaçao Triple Sec
1 Spritzer Angostura
1 Spritzer Bénédictine
Orangenviertel, Cocktailkirsche
Champagner

Cognac, Curaçao und Angostura in Silberbecher oder im Longdrink-Glas auf Eis verrühren, Orangenviertel und Cocktailkirsche dazugeben, mit Champagner auffüllen, einen Spritzer Bénédictine dazugeben.

Kir Royal

Crème de Cassis
Champagner

Crème de Cassis (Menge je nach Geschmack variieren) mit Champagner aufgießen.

C.C.

3-4 cl Campari
Zitronenschale
Champagner

Campari mit Champagner aufgießen, mit Zitronenschale abspritzen und diese dazugeben.

James Bond

4 cl Wodka
Angostura
Champagner

Zutaten in Champagnerschale geben, verrühren, mit Champagner auffüllen.

Champagner-Drinks

Ibu

2 cl Cognac/Brandy
1 cl Apricot Brandy
2 cl Orange Juice
Champagner

Zutaten im Shaker auf Eis schütteln, im Champagnerkelch abseihen, mit Champagner aufgießen.

Alfonso

1 Stück Würfelzucker
Angostura
4 cl Dubonnet
Zitronen- und Orangenviertel
Champagner

Würfelzucker mit Angostura im Champagnerkelch tränken, mit Dubonnet übergießen, einen Eiswürfel zugeben, mit Champagner auffüllen.
Mit Zitronen- und Orangenviertel abspritzen, dazugeben.

Ohio

2 cl Canadian Whisky
1 cl Vermouth Rosso
1 cl Vermouth Dry
1 cl Triple Sec
1 Spritzer Angostura
Champagner

Zutaten im Rührglas auf viel Eis verrühren, in Cocktailschale gießen, mit Champagner auffüllen.

Bellini

weiße Pfirsiche
Apricot Brandy
Champagner
(in Venedig nimmt man Pro secco)

Pfirsiche schälen, in Stücke schneiden. pürieren, etwas Apricot Brandy zugeben, in Champagnerkelch füllen und langsam mit Champagner auffüllen.

(Hausgetränk der Harry's Bar in Venedig)

Champagner-Drinks

Happy New Year
* 1981

1 cl Cognac
2 cl Portwein
2 cl Orange Juice
Champagner

Zutaten auf Eis im Shaker schütteln,
in Champagnerkelch gießen,
mit Champagner auffüllen.

Vulcano

2 cl Himbeergeist
2 cl Curaçao Blue
Orangenschale
Champagner

Zutaten in Champagnerkelch gießen,
umrühren, mit Orangenschale abspritzen,
mit sehr kaltem Champagner auffüllen.

(Kann auch flambiert werden.)

Hemingway

2-3 cl Pernod (Ricard)
Champagner

In Champagnerkelch 2-3 cl Pernod geben,
mit eiskaltem Champagner vorsichtig
aufgießen.

(Charles: Schade um den Champagner.)

Carl Josef
* 1983

2 cl Kirschwasser
1 cl Kirschlikör
Champagner

Zutaten im Rührglas auf viel Eis rühren,
in Champagnerkelch abseihen,
mit Champagner aufgießen.

Champagner-Drinks

ACC
*1983

2 cl Wild Turkey
1 cl Southern Comfort
2 cl Blutorangensaft
Champagner

Zutaten auf Eis im Shaker kräftig schütteln, in Champagnerkelch gießen, mit Champagner auffüllen.

(ACC=American Champagne Cocktail)

Deep South
* 1982

2 cl Southern Comfort
1 cl brauner Rum
1 cl Lemon Juice
1 cl Lime Juice
Champagner

Zutaten auf Eis im Shaker kräftig schütteln, in Champagnerkelch gießen, mit Champagner auffüllen.

Blue Champagne
* 1983

3 cl Wodka oder Gin
1-2 cl Curaçao Blue
1 cl Lemon Juice
Champagner

Zutaten auf Eis gut schütteln, mit Champagner aufgießen.

Tropical Champagne
*1980

2 cl brauner Rum
2 cl Orangensaft
Maracujasirup
Spritzer Lemon Juice
Champagner

Zutaten im Shaker auf Eis kräftig schütteln,
in Champagnerkelch gießen,
mit Champagner auffüllen.

Wir saßen bei Victor in einer Ecke seiner Bar und tranken beide Gimlets.

»Die haben hier keine Ahnung, wie man die macht«, sagte er. »Was die hier einen Gimlet nennen, ist einfach Zitronen- oder Limettensaft mit Gin und einem Schuß Zucker und Bitterbier. Richtiger Gimlet besteht zur einen Hälfte aus Gin und zur andern aus Roses Limettensaft und aus sonst nichts. Aber das schlägt sämtliche Martinis haushoch.«

»Ich bin mit Drinks nie besonders heikel gewesen. Wie sind Sie denn mit Randy Starr zurande gekommen? In meinen Kreisen gilt er als ziemlich rauhe Type.«

Er lehnte sich zurück und blickte nachdenklich. »Das wird er wohl auch sein. Ich glaube, das sind sie alle. Aber ihm merkt man's nicht so an. Ich könnte Ihnen in Hollywood ein paar Burschen aus derselben Branche nennen, die ganz anders einen draufmachen. Randy ist nicht so. In Las Vegas ist er ein ehrbarer Geschäftsmann. Sie müssen mal bei ihm reinschauen, wenn Sie das nächstemal da sind. Bestimmt freunden Sie sich mit ihm an.«

»Nicht allzu wahrscheinlich. Ich hab für Ganoven nichts übrig.«

»Ach, das ist bloß ein Wort, Marlowe. Wir leben nun mal in so einer Welt. Zwei Kriege haben sie uns eingebrockt, und jetzt hängt sie uns an. Randy, ich und noch ein anderer Bursche, wir haben zusammen mal in der Patsche gesessen. So was verbindet irgendwie.«

»Warum haben Sie ihn dann nicht um Hilfe gebeten, als Sie's so nötig hatten?«

Er trank sein Glas aus und winkte dem Kellner. »Weil er's nicht hätte abschlagen können.«

Der Kellner brachte frische Drinks, und ich sagte: »Das ist alles Blabla für mich. Wenn der Kerl Ihnen zufällig was schuldig war, sehn Sie's doch mal von seinem Standpunkt. Er hätte liebend gerne die Gelegenheit ergriffen, ein bißchen was zurückzuzahlen.«

Er schüttelte langsam den Kopf. »Ich weiß, Sie haben ja recht. Und ich habe ihn ja auch um eine Stellung gebeten, ganz klar. Aber in der hab ich dann gearbeitet, solange ich sie hatte. Um einen Gefallen bitten oder ein Almosen, nein, das geht nicht.«

»Aber von einem Fremden nehmen Sie so was an.«

Er sah mir gerade ins Gesicht. »Der Fremde kann weitergehen und so tun, als hätte er nichts gehört.«

Wir tranken jeder drei Gimlets, allerdings keine doppelten, und sie machten ihm nicht das mindeste aus. Ein richtiger Säufer hätte bei der Menge jetzt richtig angefangen. In der Beziehung war er also wohl kuriert.

Dann fuhr er mich zurück ins Büro.

»Wir haben um Viertel nach acht ein Essen«, sagte er. »Nur noch Millionäre können sich das leisten. Nur noch Millionärsdiener lassen sich das gefallen heutzutage. Kommen massenhaft nette Leute hin.«

Von da an wurde es bei ihm eine Art Gewohnheit, so um fünf herum hereinzuschauen. Wir gingen nicht immer in dieselbe Bar, aber öfter zu Victor als anderswo hin. Vielleicht war das Lokal mit irgendeiner Erinnerung für ihn verknüpft, von der ich nichts wußte. Er trank nie über den Durst, und das überraschte ihn selbst.

»Es muß so etwas sein wie das Tertianfieber«, sagte er. »Wenn's einen packt, ist's schlimm. Hat man's aber nicht, ist es so, als hätte man's nie gehabt.«

»Was mir nicht in den Kopf will, das ist, wieso ein Bursche mit Ihren Privilegien Gefallen daran findet, mit einem heruntergekommenen Privatschnüffler trinken zu gehen.«

»Machen Sie jetzt auf die bescheidene Tour?«

»Nö. Ich bin bloß ein bißchen von den Socken. Ich hab bestimmt ja meine leidlich guten Seiten, aber wir leben ja doch nicht in derselben Welt. Ich weiß nicht mal, wo Sie eigentlich jetzt Ihr Zelt stehen haben, außer daß es in Encino ist. Aber ich kann mir ungefähr vorstellen, wie Ihr häuslicher Herd aussieht.«

»Ich habe keinen häuslichen Herd.«

Wir tranken wieder Gimlets. Das Lokal war fast leer. Es gab nur das übliche Häuflein Gewohnheitssäufer, das sich auf den Hockern an der Bar langsam in Stimmung brachte, die Sorte, die ganz langsam nach dem ersten Glas greift und sich dabei ängstlich auf die Tatterfinger sieht, damit ja kein bißchen überschwappt.

Es war im Mai, als wir zum letztenmal zusammen in einer Bar bei einem Drink saßen, und es war früher als gewöhnlich, kurz nach vier Uhr. Er sah müde aus und magerer, aber er blickte sich mit einem Lächeln des Behagens um.

»Diese Bars, so kurz nachdem sie aufgemacht haben für den Abend — da fühle ich mich richtig wohl. Wenn die Luft drinnen noch kühl ist und rein und alles glänzt und der Barmann seinen letzten Blick in den Spiegel wirft, um zu sehen, ob seine Krawatte auch gerade sitzt und sein Haar schön glatt. Ich mag die sauberen Flaschenreihen auf dem Regal hinter der Theke und die blitzblanken Gläser und die ganze Erwartung, die darüber liegt. Ich sehe dem Mann gerne zu, wie er den ersten des Abends mixt und ihn auf einen frischen Untersatz stellt und die kleine Serviette daneben legt. Ich liebe es, den ganz langsam zu kosten. Der erste stille Drink des Abends in einer stillen Bar — das ist was Wundervolles.«

Ich war ganz seiner Ansicht.

»Mit dem Alkohol ist es wie mit der Liebe«, sagte er. »Der erste Kuß ist magisch, der zweite vertraut, der dritte schon Routine. Danach dann zieht man das Mädchen aus.«

»Ist das so schlimm?« fragte ich ihn.

»Es ist ein in hohem Grade erregendes Gefühl, aber zugleich auch ein irgendwie unreines — unrein im ästhetischen Sinne. Ich bin durchaus kein Sexverächter. Sex ist notwendig, und er muß nicht häßlich sein. Aber er hat doch immer irgendwas von Veranstaltung an sich. Sein Nimbus ist das Produkt einer Billionen-Dollar-Industrie, und das zieht einen denn auch buchstäblich aus bis aufs Hemd.«

Er sah sich um und gähnte. »Ich habe nicht besonders gut geschlafen. Es ist nett hier drinnen. Aber nach einer Weile werden die ordinären Saufköppe das Lokal überschwemmen, und dann geht das laute Reden los und das Gelächter, und die gottverdammten Weiber fangen an, mit den Händen zu fuchteln und sich die Augen zu verrenken und mit ihren gottverdammten Armbändern zu klimpern und sich ihren wohlverpackten Charme aufzuschminken, der dann später am Abend einen leichten, aber unverkennbaren Schweißgeruch haben wird.«

»Nehmen Sie's nicht so tragisch«, sagte ich. »Immerhin sind das doch noch menschliche Züge: sie schwitzen, sie werden dreckig, sie müssen mal unter die Dusche. Was hatten Sie denn erwartet — goldene Schmetterlinge, die durch rosige Nebel schweben?«

Es war so still bei Victor, daß man fast die Temperatur fallen hörte, wenn man zur Tür hereinkam. Auf einem Barhokker saß ganz allein eine Frau in einem schwarzen Modellkleid, dessen Stoff um diese Jahreszeit nur irgendein Synthetic sein konnte wie Orlon, mit einem blaßgrünlichen Drink vor sich, und rauchte in einer langen Jadespitze eine Zigarette.

Victors Bar

Sie hatte jenen feingesponnenen, intensiven Blick, der manchmal neurotisch ist, manchmal sex-hungrig und manchmal einfach das Ergebnis drastischer Diät.

Ich setzte mich zwei Hocker weiter, und der Barkeeper nickte mir zu, doch ohne zu lächeln.

»Einen Gimlet«, sagte ich. »Ohne Bitterbier.«

Er legte die kleine Serviette vor mich hin und sah mich weiter an. »Wissen Sie was?« sagte er mit erfreuter Stimme. »Ich hab Sie und Ihren Freund hier einen Abend reden hören, und da habe ich mir eine Flasche von Roses Limettensaft besorgt. Dann sind Sie aber nicht wiedergekommen, und erst heute abend habe ich sie aufmachen können.«

»Mein Freund ist nicht mehr in der Stadt«, sagte ich. »Einen doppelten, wenn's Ihnen nichts ausmacht. Und vielen Dank für die Mühe.«

Er ging beiseite. Die Frau in Schwarz warf einen raschen Blick zu mir hinüber, dann sah sie wieder in ihr Glas. »Das trinken hier in der Gegend so wenige Leute«, sagte sie so ruhig, daß ich zuerst gar nicht mitbekam, daß sie zu mir sprach. Dann sah sie wieder in meine Richtung. Sie hatte sehr große dunkle Augen. Ihre Fingernägel waren so rot, wie ich es noch nie gesehen hatte. Aber sie sah nicht wie eine Strichhummel aus, und in ihrer Stimme war keine Spur von Na, wie wär's? »Gimlets, meine ich.«

»Ein Bekannter hat mich auf den Geschmack gebracht«, sagte ich.

»Dann ist er sicher Engländer.«

»Warum?«

»Der Limettensaft. Das ist so englisch wie gekochter Fisch mit dieser schrecklichen Sardellensoße, die aussieht, wie wenn der Koch sich bei Zubereiten in den Finger geschnitten hätte. Bei der Marine ist das deswegen direkt zum Spitznamen geworden dafür – Limettensafter. Aber für die Engländer, nicht für den Fisch.«

»Ich dachte, es wäre mehr ein Drink für die Tropen, was für heißes Wetter. Malaya oder so eine Gegend.«

»Da können Sie durchaus recht haben.« Sie wandte sich wieder ab.

Der Barkeeper setzte den Drink vor mich hin. Mit dem Limettensaft hat er ein blaßgrünlich-gelbliches, etwas trübes Aussehen. Ich probierte, er war süß und scharf, beides zugleich. Die Frau in Schwarz beobachtete mich. Dann hob sie ihr eigenes Glas in meine Richtung. Wir nahmen beide einen Schluck. Ich wußte auf einmal, das sie dasselbe trank.

Gin-Drinks

Gin gibt es schon seit dem 17. Jahrhundert. Sein Vorläufer war der heute noch bekannte holländische Genever. Wilhelm von Oranien hat ihn aus seiner Heimat nach England eingeführt.

Gin ist auch eine der Spirituosen, die sehr früh in der Geschichte der Mixgetränke auftaucht. Er hat alle Hochs und Tiefs der Cocktailbars mitgemacht und überlebt.

Unzählige Drinks haben als Basis Gin. Der internationale Cocktail Nr. 1, der *Martini*, der früher gleiche Teile Gin und Vermouth beinhaltete, besteht heutzutage fast nur noch aus Gin.

Und wenn man Fizzes oder Collins inzwischen mit beinahe allen Spirituosen anbietet, so bleiben Gin Fizz und seine diversen Abwandlungen immer noch unübertroffen.

In vielen Barbüchern sind fünfzehn und mehr Fizzes aufgeführt, doch ich glaube, daß nur eine Handvoll wirklich interessant sind.

Und was hätte Philipp Marlowe wohl trinken sollen, wenn es keinen Gin gegeben hätte?

In der Geschichte ›Victor's Bar‹ beklagt sich sein Freund über die miesen Gimlets, die er überall erhält. Er gibt sein Rezept mit Gin und Lime Juice an.

Für den Großteil meiner Gäste, und auch für mich, ist er aber so einfach zu süß, ich meine, man sollte auf Lemon Juice nicht verzichten. Anyway — probieren Sie beide Versionen.

Fizzes sind nicht viel mehr als ›Sours‹ mit ein wenig Syphon (Soda) aufgefüllt. Eine sorgfältige Zubereitung ist jedoch unerläßlich, sonst schmeckt ein Fizz wie eine abgestandene Brause!

Gin-Drinks

White Lady

4 cl Gin
2 cl Lemon Juice
2 cl Cointreau (Triple Sec)
1 Eiweiß

Zutaten auf viel Eis im Shaker kräftig schütteln, in vorgekühlte Cocktailschale füllen.

(Kann auch ohne Eiweiß zubereitet werden).

Schumann's Gimlet * 1983

6 cl Gin
4 cl Lime Juice
2 cl Lemon Juice

Zutaten auf Eis im Shaker kräftig schütteln, in eine vorgekühlte Cocktailschale abgießen.

Marlowe's Gin Gimlet

6 cl Gin
4 cl Lime Juice

Zutaten im Rührglas auf viel Eis verrühren, in ein Cocktailglas gießen.

Wodka, weißer Rum und Tequila eignen sich ebenfalls zur Zubereitung von Gimlets.

Man nennt sie nach der Basis:
WODKA GIMLET
RUM GIMLET oder
TEQUILA GIMLET

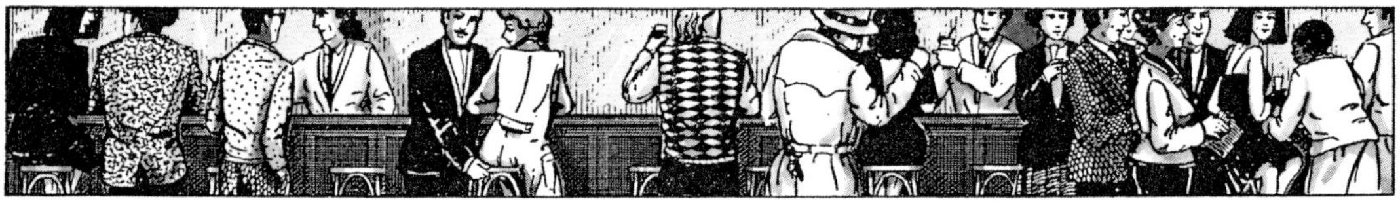

Gin-Drinks

Pink Gin

5 cl Gin
Angostura

Gekühlte Cocktailschale oder Sherry-Glas mit Angostura — für Engländer sehr viel — ausschwenken, Gin hineingießen.

Singapore Sling

5 cl Gin
2 cl Cherry Brandy
3 cl Lemon Juice
1 Schuß Grenadine oder Zuckersirup, Soda
Zitronenviertel, Cocktailkirsche

Zutaten auf Eis im Shaker kräftig schütteln und in ein bis zur Hälfte mit Eis gefülltes Longdrink-Glas geben. Mit Soda auffüllen, mit Zitronenviertel und Cocktailkirsche garnieren (kann auch im Glas zubereitet werden).

Florida Sling

5 cl Gin
2 cl Cherry Brandy
3 cl Lemon Juice
6 cl Pineapple Juice
1 Schuß Grenadine
Ananasscheibe, Cocktailkirsche

Zutaten auf Eis im Shaker kräftig schütteln, in ein mit gestoßenem Eis gefülltes Superlongdrink-Glas gießen, Ananasscheibe und Cocktailkirsche zugeben.

Bronx

4 cl Gin
2 cl Vermouth
(Bianco oder Rosso)
3 cl Orange Juice

Zutaten auf Eis im Shaker schütteln, in vorgekühlte Cocktailschale gießen. Durch Variieren der verschiedenen Vermouthsorten kann der Cocktail süßer oder trockener zubereitet werden.

Gin-Drinks

Alaska

4 cl Gin
2 cl Chartreuse, gelb
1 Spritzer Orange Bitter

Zutaten im Rührglas auf viel trockenem Eis rühren, in gekühlte Cocktailschale abgießen.

Foggy Day

5 cl Gin
2 cl Pernod
Soda

Zutaten in ein Longdrink-Glas auf Eis gießen, gut verrühren und mit Soda auffüllen.

Jack Dempsey

4 cl Gin
2 cl Calvados
1 Spritzer Pernod
2 cl Lemon Juice
1 Spritzer Grenadine
1 Spritzer Zuckerwasser

Zutaten im Shaker auf Eis kräftig schütteln, in vorgekühlte Cocktailschale gießen.

Claridge

2 cl Gin
2 cl Vermouth Dry
1 cl Apricot Brandy
1 cl Triple Sec

Zutaten auf Eis im Rührglas kräftig rühren, in vorgekühlte Cocktailschale gießen.

Gin-Drinks

Bijou

3 cl Gin
2 cl Vermouth Dry
1 cl Chartreuse, grün

Zutaten auf Eis im Rührglas rühren, in vorgekühlte Cocktailschale gießen.

Paradise

4 cl Gin
2 cl Apricot Brandy
4 cl Orange Juice

Zutaten auf Eis im Shaker schütteln, in Cocktailschale gießen.

Orange Blossom

5 cl Gin
5 cl Orange Juice
1 Spritzer Orangenblütenwasser (in Apotheken erhältlich)

Zutaten auf Eis im Shaker kräftig schütteln, in vorgekühlte Cocktailschale gießen.

Silver Jubilee

4 cl Gin
2 cl Bananenlikör
4 cl süße Sahne

Zutaten auf Eis im Shaker kräftig schütteln, in eine Cocktailschale gießen.

Gin-Drinks

Red Lion

3 cl Gin
2 cl Grand Marnier
3 cl Orange Juice
1 cl Lemon Juice
1 Spritzer Grenadine

Zutaten im Shaker auf Eis kräftig schütteln, in vorgekühlte Cocktailschale gießen.

Gin Alexander

4 cl Gin
2 cl Crème de Cacao, weiß
3 cl süße Sahne

Zutaten auf Eis im Shaker schütteln, in eine Cocktailschale gießen.

Blue Devil

4 cl Gin
2 cl Curaçao Blue
2 cl Lemon Juice
1 cl Zuckersirup

Zutaten auf Eis im Shaker kräftig schütteln, in vorgekühlte Cocktailschale gießen.

Park Lane

4 cl Gin
2 cl Apricot Brandy
4 cl Orange Juice
Spritzer Grenadine
Spritzer Lemon Juice

Zutaten auf Eis kräftig schütteln, in vorgekühlte Cocktailschale gießen.

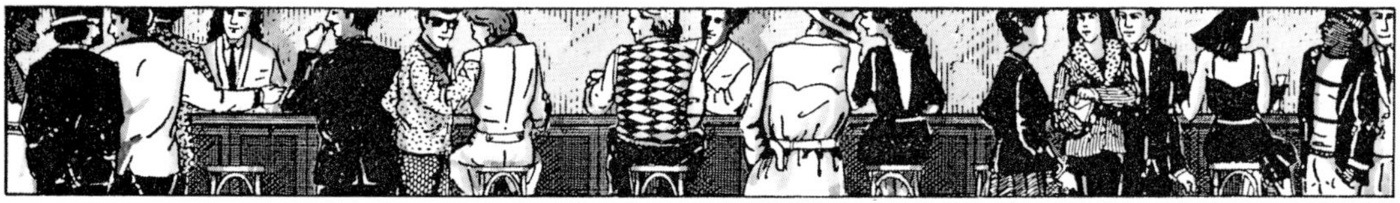

Gin-Drinks

Opera

4 cl Gin
4 cl Dubonnet
Spritzer Maraschino

Im Rührglas auf Eis gut verrühren, in vorgekühlte Cocktailschale gießen. (Eignet sich auch als Aperitif.)

Pimm's Rangoon

4-6 cl Pimm's
Ginger Ale
Zitronenschale
Gurkenschale

Pimm's in ein mit drei bis vier Eiswürfeln gefülltes Glas gießen, mit Ginger Ale auffüllen, Zitronen- und Gurkenschale dazugeben.
PIMM'S No. 1 mit Seven up
PIMM'S ROYAL mit Champagner

Gin Fizz

6 cl Gin
3-4 cl Lemon Juice
2-3 cl Zuckersirup
Soda

Zutaten auf viel Eis im Shaker lange und kräftig schütteln. In ein mit 4 bis 5 Eiswürfeln gefülltes Longdrink-Glas gießen und mit Soda auffüllen.

Silver Fizz

6 cl Gin
3-4 cl Lemon Juice
2 cl Zuckersirup
1 Eiweiß
Soda

Zubereitung wie beim GIN FIZZ.

Gin-Drinks

Golden Fizz

6 cl Gin
3-4 cl Lemon Juice
2 cl Zuckersirup
1 Eigelb
Soda

Zubereitung wie beim
GIN FIZZ.

Royal Fizz

6 cl Gin
4 cl Lemon Juice
2 cl Zuckersirup
1 Ei
Champagner oder Sekt

Zubereitung wie beim
GIN FIZZ.
Mit Champagner oder Sekt aufgießen.

New Orleans Gin Fizz · Ramos Fizz

6 cl Gin
3 cl Lemon Juice
2-3 cl Zuckersirup
1 Spritzer Orangenblütenwasser
(in Apotheken erhältlich)
1 Schuß süße Sahne, 1 Eiweiß, Soda

Zubereitung wie beim
GIN FIZZ.
Soda langsam aufgießen.

Cognac, Brandy
Wodka, weißer Rum
und Tequila
eignen sich ebenfalls hervorragend für die Zubereitung
eines Fizzes

Entsprechend den Zutaten heißen
diese Drinks
BRANDY FIZZ
RUM FIZZ
WODKA FIZZ
TEQUILA FIZZ

Hans Herbst

Der Nachmittag war so still, als hätte die Stadt zu atmen vergessen und die Bar war so voll wie mein Bankkonto. Am Ende der langen Theke saß ein Boxer und tauchte seine breite Nase in ein Glas, das für diese Art von Nasen ein paar Nummern zu klein war, und in der Mitte, ein paar Hocker weiter, mit ausreichend Platz für ihre Persönlichkeit, saß eine Frau, die sich ohne Hemmungen in etwas sehr enges Schwarzes gehüllt hatte. Ihr dichtes, kurzgeschnittenes Haar hatte die Farbe von spätem Weizen, und ihre Augen waren so hell wie ein noch nicht gelebter Sommermorgen. Ich klemmte mich auf einen Hocker in der Ecke, wo die Theke rechtwinklig gegen die Wand stößt und stützte die Arme auf das dunkle Holz. Der Barmann löste sich von einem langstieligen Glas, an dem er herumpolierte, und drehte seine sanfteingedellte Nase in meine Richtung. In seinem schmalen Gesicht war nichts, was auf ein herzliches Willkommen schließen ließ.

»Einen Gimlet«, sagte ich ohne viel Stimme, und der Barmann nickte ohne viel Aufwand und machte sich an die Arbeit. Die Frau schickte einen kurzen Blick zu mir rüber, der nichts bedeutete, und der Boxer hievte seine Nase aus dem kleinen Glas und schnaufte leise. Seine Augen waren schmal und rot und ohne besonderen Ausdruck.

Der Barmann stellte den Gimlet vor mich hin, und das Klicken des Glases auf dem dunklen Holz war ein vertrautes Geräusch, das ich zum ersten Mal bewußt wahrnahm. Der Boxer wedelte mit einer großen, behaarten Hand und schmiß sein Glas um, ohne es zu bemerken. Er stülpte seine dicke Unterlippe vor und heftete einen leeren, wässerigen Blick auf den Barmann. Der schmale Mann in Weiß drehte sich langsam um und hob sachte eine Augenbraue.

Der Boxer zeigte mit einem Daumen wie ein Zaunpfahl in keine bestimmte Richtung und nuschelte: »Dasselbe für die Lady.«

Die zweite Augenbraue hob sich und der Barmann nahm einen Lappen und wischte die Pfütze vor dem Boxer weg. Dann nahm er das umgefallene Glas und tauchte es ein paarmal in die Spüle. Sorgfältig drückte er den Lappen aus, hielt ihn unter warmes Wasser, drückte ihn wieder aus und hängte ihn zum Trocknen über die Ablage. Der Boxer hob seinen dicken Kopf um einen halben Millimeter und sagte leise und deutlich: »Dasselbe für die Lady.«

Charly's Shuffle

Die Lady blickte ohne Zurückhaltung in den Spiegel hinter dem Flaschenregal und hatte die Andeutung eines fernen Lächelns im Gesicht. Das flache Glas vor ihr war gut gefüllt und die Füllung schimmerte milchiggrün und sah nicht nach irgendeinem Bluff aus. Der Barmann strich wie abwesend über die Locken in seinem Nacken und sah kurz zu mir rüber. Der Boxer legte zwei große Hände flach auf die Theke. Er war ein Schwergewichtler ohne Fett und sah ganz so aus, als würde er sich im Leben auskennen. Ich fühlte ein leises Kribbeln in der Magengegend und griff nach meinem Drink. Er schmeckte anders als sonst. Der Barmann spreizte die Finger seiner linken Hand und hatte Kerben in den Mundwinkeln.

»Dasselbe für die Lady.«

Die Stimme kratzte wie ein schartiger Daumennagel über Sandpapier. Ich nippte ohne Enthusiasmus an meinem Drink und versuchte, kein besonderes Gesicht zu machen. Das Kribbeln im Magen hielt an. Der Mann in Weiß zupfte an seiner Nase und starrte an dem Boxer vorbei gegen die Wand.

Von draußen hörte man die Stadt atmen. Als das Atmen laut wurde, glättete der Barmann seine Mundwinkel und griff ohne Eile nach einem Glas, in dem zwei Boxernasen Platz gefunden hätten.

»Kennen Sie die Ali Shuffle?« fragte er fast sanft. Der Boxer machte »hä?« und legte sich metertiefe Falten über die Stirn. Ich verschluckte mich an meinem Gimlet und dachte Achgottachgott. Will dieser Weißkittel sich ein paar Beulen holen? Genausogut hätte er den Gong zur ersten Runde läuten können. Die Ali Shuffle ist dieser verrückte Tanz, den Muhammed Ali erfunden hat und der jeden Gegner wie einen plumpen Elefanten aussehen läßt.

Der Barmann schaufelte Eis in das große Glas, und dann griff er nach einer Rumflasche, ließ einen guten Schuß einlaufen, gab eine Ladung Whisky dazu, ließ ein Quart Wodka hinterherlaufen, griff nach einer Flasche mit einer grünlichen Brühe, schnüffelte kurz daran, stellte sie wieder weg, nahm eine Flasche mit einem giftig aussehenden roten Zeugs, schnüffelte wieder, und mir wurde klar: der erfindet hier in Windeseile einen Drink und was hat die verdammte Ali Shuffle damit zu tun.

Der Boxer legte sich ohne Mühe ein sparsames Grinsen zu, und seine Augen waren hell und genau und gar nicht mehr wäßrig.

»Ich kann sie tanzen, mein Freund.«

Seine Stimme hatte einen Unterton, der auf Vorfreude schließen ließ.

Der Freund sagte »ja?« und kippte das rote Zeugs in das Glas. Die Lady nahm ihren verhangenen Blick von ihrem Spiegelbild und griff langsam nach einem Zigarettenetui. Sie war ein bißchen weiß um die Nase. Ein Hauch Benedictine tröpfelte über das Rot. Der Boxer sagte fast freundlich: »Und ob ich kann.«

Lange, weiße Finger tauchten einen langen silbernen Löffel in das Glas und rührten den Drink um.

»Hier«, sagte der Barmann und schob dem Boxer das Glas zwischen die Hände, die immer noch groß und hart und wie vergessen auf der Theke lagen.

»Probieren Sie mal. Charly's Shuffle.«

Ich stellte mein Glas ab. Die Lady senkte lange, dunkle Wimpern über ihre Sommermorgenaugen und machte einen weichen Mund. Der Boxer sagte ohne Begeisterung:

»Wer ist Charly?«

Die Antwort war von einem sanften Grinsen begleitet. »Ich.«

Von draußen hörte man wieder die Stadt atmen.

Die großen, harten Hände schlossen sich, und der große Mann, zu dem sie gehörten, starrte in das schmale Gesicht über der weißen Jacke. In seinen Augen war nichts, was man deuten konnte, und er starrte lange genug, um sich jede einzelne Pore einzuprägen, und irgendwann schniefte er leise und dann grinste er. Er hatte die Zeichen gesehen, die Zunftzeichen. Die eingedellte Nase, die nicht mehr ganz intakten Augenbrauen und den Rest. Zeichen, die man sich im Ring holt. Wenn das Gesicht mit Achtunzenhandschuhen in Berührung kommt.

Der Schwergewichtler grinste den Weltergewichtler an, und der Weltergewichtler grinste zurück, und dann tauchte der Schwergewichtler seine Nase ohne Platznot in das große Glas, und sein bedächtiges Schlürfen war das einzige Geräusch in dieser Bar, in München, an der leblosen Maximilianstraße, an einem Nachmittag, der außer der Tatsache, daß Charles Schumann mit der frischkreierten Charly's Shuffle in den Ring gestiegen war, nichts zu bieten hatte.

SCOTCH J&B

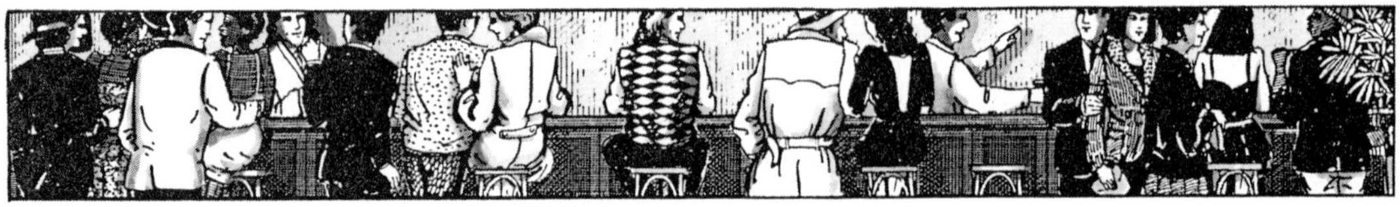

Rum- und Karibik-Drinks

Es heißt ›Rum makes the caribbean world goes round‹. Aber nicht nur in der Karibik, auch bei uns ist Rum von keinem Bartisch mehr wegzudenken.

Wenn man früher fast ausschließlich mit weißem Rum mixte – die klassischen weißen Rum-Drinks sind *Daiquiri* (auch Sunshinedrink genannt) und *Cuba-Libre* — so verwendet man heute für die Mixdrinks ›en vogue‹ mehr braunen als weißen Rum.

Pina Coladas und *Mai tais* ohne braunen Rum hätten sicherlich weniger Erfolg.

Bestimmt ist der *Daiquiri* einer der ersten Drinks, der gemischt wurde.

Um seine Erfindung ranken sich, wie bei allen Klassikern, eine Menge Gerüchte.

Dabei ist er schlicht und einfach ein Rum mit Zitrone und Zucker.

Manchmal nehme ich einige Tropfen braunen Rum dazu, um den Cocktail vom Geschmack her abzurunden.

Auch wir bei Schumann's greifen jeden Abend sehr oft zur Rumflasche und einige unserer Rum-Drinks sind inzwischen über die Bar hinaus bekannt. So versucht man zum Beispiel immer unseren *Swimmingpool* nachzumixen — (Rezept siehe unter den Rum-Drinks).

Ich selbst halte es mit *Leicht- und Schwermatrose*, die je nach Tagesform oder Jahreszeit ihre Wirkung nicht verfehlen. Rum heiß gemacht, mit kochendem Wasser aufgegossen, etwas Zucker und Zitrone dazu, ist ein altbewährtes und zugleich vorbeugendes Mittel gegen Erkältungen. Auch hier ist brauner Rum aus der Karibik durch keinen anderen zu ersetzen.

Nehmen Sie einmal noch etwas frischen Orangensaft dazu, das macht den Grog interessanter und bekömmlicher.

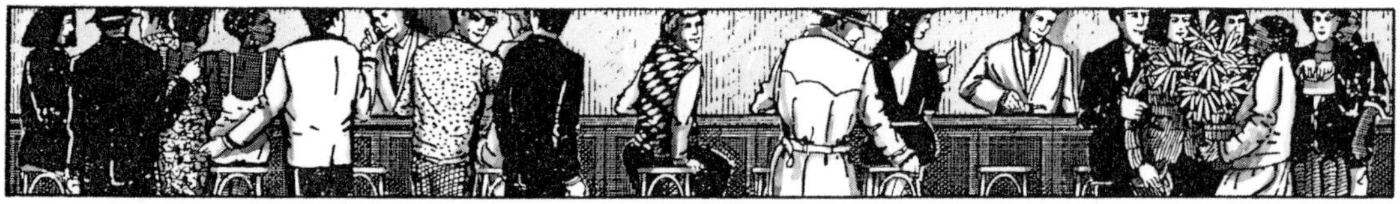

Rum- und Karibik-Drinks

Daiquiri

5 cl weißer Rum
3 cl Lemon Juice
2 cl Zuckersirup

Zutaten im Shaker auf viel Eis kräftig schütteln, in gekühlte Cocktailschale gießen.

Frozen Daiquiri

5 cl weißer Rum
3 cl Lemon Juice
2 cl Zuckersirup
1 cl hochprozentiger Rum (73-75%)

Gestoßenes oder gehacktes Eis in den Mixer geben. Zutaten, ohne braunen Rum, hinzufügen. Mixer laufen lassen, bis Schnee entsteht. Alles zusammen dann in eine Cocktailschale geben. Zum Schluß den braunen Rum darüberfließen lassen.

Bananen-Daiquiri

1/2 Banane
5 cl weißer Rum
3 cl Lemon Juice
1 cl Zuckersirup
1 cl Bananensirup

Zutaten mit einer Schaufel gestoßenem Eis in Mixer geben, so lange laufen lassen, bis sich alles gut vermischt hat, dann in eine Cocktailschale gießen. Anstelle der Banane können Pfirsiche, Erbeeren und tropische Früchte verwendet werden.

Charles Daiquiri

* 1980

4 cl weißer Rum
1-2 cl Jamaica Rum (braun)
3 cl Lemon Juice
2 cl Zuckersirup
Spritzer Orangenlikör (Cointreau)

Im Shaker mit viel Eis gut schütteln, in gekühlte Cocktailschale gießen.

Rum- und Karibik-Drinks

Leichtmatrose * 1983

3 cl brauner Rum
2 cl weißer Rum
2 cl Lemon Juice
2 cl Lime Juice
1 cl Zuckersirup
Zitronenviertel

Zutaten auf Eis im Shaker kräftig schütteln, in einen bis zur Hälfte mit gestoßenem Eis gefüllten Tumbler gießen, mit Zitronenviertel abspritzen und dieses dann dazugeben.

Schwermatrose * 1983

4 cl brauner Rum
4 cl hochproz. brauner Rum
2 cl weißer Rum
1 cl Tia Maria, 2 cl Lemon Juice
4 cl Lime Juice, 1/2 Limette
Zuckersirup nach Wunsch

Zutaten auf Eis im Shaker kräftig schütteln, in ein mit gestoßenem Eis gefülltes Longdrink-Glas gießen. Halbe Limette darüber auspressen und dazugeben.

Tiefseetaucher * 1984

2 cl weißer Rum
6 cl brauner Rum
6 cl hochproz. brauner Rum
2 cl Cointreau Triple Sec
4 cl Lemon Juice
1 cl Limettensirup, Limettenviertel

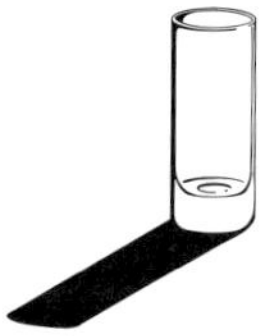

Im Shaker auf Eis kräftig schütteln, im Superlongdrink-Glas auf gestoßenem Eis servieren. Limettenviertel dazugeben.

Between the Sheets

2 cl weißer Rum
2 cl Cognac/Brandy
1 cl Triple Sec
1 cl Lemon Juice

Zutaten auf Eis im Shaker gut schütteln, in vorgekühlte Cocktailschale gießen.

Rum- und Karibik-Drinks

Bacardi Cocktail

5 cl weißer Rum
2 cl Lemon Juice
1 cl Zuckersirup
Spritzer Grenadine

Zutaten im Shaker auf viel Eis kräftig schütteln, in gekühlte Cocktailschale gießen.

El Presidente

4 cl weißer Rum
1 cl Curaçao Triple Sec
2 cl Vermouth Dry
1 cl Vermouth Rosso
Spritzer Grenadine

Zutaten im Rührglas auf viel Eis gut verrühren, in vorgekühlte Cocktailschale abgießen. (Ich schüttle den *El Presidente* im Shaker auf viel Eis und gebe etwas Lemon Juice dazu!)

Acapulco

4 cl weißer Rum
1 cl Triple Sec
2 cl Lemon Juice
2 cl Lime Juice
Limettenachtel
Cocktailkirsche

Zutaten auf Eis im Shaker kräftig schütteln, in ein mit gestoßenem Eis gefülltes Ballon-Glas gießen, mit Limettenachtel und einer Cocktailkirsche garnieren.

Beau Rivage

2 cl weißer Rum
2 cl Gin
1 cl Vermouth Rosso
1 cl Vermouth Dry
3 cl Orange Juice
Spritzer Grenadine

Zutaten auf Eis im Shaker kräftig schütteln, in vorgekühlte Cocktailschale gießen.

Rum- und Karibik-Drinks

Planters Punch

6 cl Jamaica Rum
2 cl Lemon Juice
2 cl Grenadine
8 cl Orange Juice
Cocktailkirsche
Orangenscheibe

Zutaten auf Eis im Shaker kräftig schütteln, in ein Longdrink-Glas auf Eis abseihen. Mit Cocktailkirsche und Orangenscheibe garnieren.

Ein Standarddrink, der beinahe in jeder Bar anders zubereitet wird. Klassische Zutaten: brauner Rum, Lemon Juice, Grenadine und Orange Juice.

Anstelle von Grenadine können auch andere Sirups verwendet werden, z. B. Mango-, Maracuja- und Banansirup. Dadurch verändert sich der Geschmack wesentlich.

Mai Tai

6 cl Jamaica Rum
2 cl hochproz. brauner Rum
2 cl Lemon Juice
4 cl Lime Juice
1 cl Apricot Brandy
Minzzweig, Limonenviertel

Zutaten auf Eis im Shaker kräftig schütteln, in ein mit gestoßenem Eis gefülltes Glas gießen. Mit einem Minzzweig garnieren, ein Limonenviertel darüber auspressen und dazugeben.

Zombie

6 cl brauner Rum
2 cl hochprozentiger brauner Rum
2 cl weißer Rum, 2 cl Kirschlikör
2 cl Grenadine, 2 cl Orange Juice (Blutorangensaft)
Amarenakirschen, Orangenviertel

Zutaten im Shaker auf Eis kräftig schütteln, dann in ein mit gestoßenem Eis gefülltes Glas gießen. Mit Amarenakirschen und Orangenviertel garnieren.

Rum- und Karibik-Drinks

Pina Colada

6 cl brauner Rum
6 cl Pineapple Juice
2 cl Coconut Cream
1 cl süße Sahne
Ananasscheibe
Cocktailkirsche

Zutaten im Shaker auf Eis sehr kräftig schütteln, in ein mit gestoßenem Eis halbgefülltes, Glas seihen, mit Ananasscheibe und Cocktailkirsche garnieren. Nimmt man anstelle von braunem Rum weißen Rum, so heißt der Drink BAHIA.

Swimmingpool * 1979

4 cl weißer Rum, 2 cl Wodka
1 cl Curaçao Blue
2 cl Coconut Cream
1 cl süße Sahne
4 cl Pineapple Juice
Ananasscheibe, Cocktailkirsche

Rum, Wodka, Coconut Cream, Sahne und Pineapple Juice auf Eis im Shaker schütteln. In ein randvoll mit gestoßenem Eis gefülltes Glas abfüllen. Curaçao Blue darüberfließen lassen. Mit Ananasscheibe und Cocktailkirsche garnieren.

Flying Kangaroo * 1979

3 cl Wodka, 3 cl weißer Rum
1 cl Galliano, 1 cl Coconut Cream
1 cl süße Sahne
4 cl Pineapple Juice
2 cl Orange Juice
Cocktailkirsche, Ananasscheibe

Zutaten auf Eis im Shaker kräftig schütteln, in ein bauchiges, halb mit Eis gefülltes Glas gießen. Mit Cocktailkirsche und Ananasscheibe garnieren.

Golden Colada

4 cl brauner, 2 cl weißer Rum
1 cl Galliano, 2 cl Coconut Cream
1 cl süße Sahne
2 cl Orange Juice
2 cl Pineapple Juice
Ananasscheibe, Cocktailkirsche

Zutaten auf Eis im Shaker sehr kräftig schütteln, in ein bauchiges Longdrink-Glas mit gestoßenem Eis füllen, mit Ananasscheibe und Cocktailkirsche garnieren.

Rum- und Karibik-Drinks

Choco Colada * 1982

6 cl weißer Rum
1 cl Tia Maria oder Kahlua
2 cl Coconut Cream
4 cl süße Sahne oder Milch
2 cl Schokoladensirup,
Schokoladenraspel

Zutaten auf Eis im Shaker kräftig schütteln, in ein mit gestoßenem Eis gefülltes, bauchiges Longdrink-Glas abfüllen und mit Schokoladenraspel bestreuen.

Charles Caribbean * 1980

3 cl weißer Rum
3 cl brauner Rum
2 cl Coconutcream
1 cl süße Sahne
6 cl Maracujasaft
Ananasscheibe, Cocktailkirsche

Zutaten im Shaker auf Eis kräftig schütteln, in ein mit gestoßenem Eis halbgefülltes Glas abseihen, mit Ananasscheibe und Cocktailkirsche garnieren.

Honolulu Juicer

4 cl Southern Comfort
2 cl brauner Rum
2 cl Lime Juice
2 cl Lemon Juice
6 cl Pineapple Juice
1 Stück Ananasscheibe

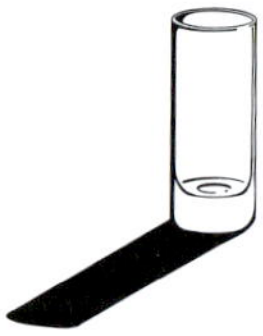

Zutaten auf Eis kräftig schütteln, in ein mit gestoßenem Eis gefülltes Superlongdrink-Glas abgießen, 1 Stück Ananasscheibe dazugeben.

Yellow Bird

3 cl Jamaica Rum
3 cl weißer Rum
1 cl Tia Maria
2 cl Lime-, 2 cl Lemon Juice
4 cl Orange Juice
Minzzweig, Cocktailkirsche

Zutaten auf Eis im Shaker kräftig schütteln, in ein mit gestoßenem Eis gefülltes Glas gießen.
Mit Minzzweig und Kirsche garnieren.

Rum- und Karibik-Drinks

Jamaica Fever * 1982

4 cl brauner Rum
2 cl Cognac
2 cl Lemon Juice
2 cl Mangosirup
4 cl Pineapple Juice
Ananasscheibe, Cocktailkirsche

Zutaten im Shaker auf Eis kräftig schütteln, in ein mit gestoßenem Eis gefülltes Glas abgießen.
Mit Ananasscheibe und Cocktailkirsche garnieren.

Hurricane

4 cl brauner, 2 cl weißer Rum
2 cl Lime Juice
1 cl Maracujasirup
2 cl Orange Juice
2 cl Pineapple Juice
Ananasstücke, Cocktailkirsche

Zutaten sehr kräftig im Shaker auf Eis schütteln, in ein mit gestoßenem Eis gefülltes Glas füllen.
Mit Ananasstücken und Cocktailkirsche garnieren.

Scorpion

4 cl brauner Rum
2 cl weißer Rum
2 cl Brandy
1 cl Triple Sec
3 cl Lemon Juice
4 cl Orange Juice

Zutaten auf Eis im Shaker kräftig schütteln, in ein mit Eis gefülltes Glas gießen und garnieren.

Castro's Cooler

4 cl brauner Rum
2 cl Calvados
2 cl Lemon Juice
2 cl Lime Juice
4 cl Orange Juice
Cocktailkirsche, Orangenscheibe

Zutaten auf Eis im Shaker kräftig schütteln, in ein mit gestoßenem Eis gefülltes Glas abseihen.
Mit Cocktailkirsche und Orangenscheibe garnieren.

Das Wort ›Bar‹ war für mich von Kindesbeinen an geheimnisumwoben. Das hatte mit meinem Vater zu tun. Wir lebten damals, in den 30er Jahren, in Berlin. Mein Vater stammte nicht aus einem Milieu, in dem Bar-Besuche zum Lebensritual gehörten. Auch in seiner Ehe mit meiner Mutter kam das Wort Bar allenfalls in Verbindung mit Bargeld vor, das mein Vater, ihrer Ansicht nach, zum Fenster hinauswarf, was zur Folge hatte, daß wir davon immer zu wenig hatten.

Weil er von meiner Mutter, was Ausschweifungen jeder Art anbelangte, recht kurz gehalten wurde, sann mein Vater immerzu auf kleine Fluchten, um sich von ihr und den Strapazen dieser Ehe etwas zu erholen. Um diese Fluchten ihr gegenüber zu motivieren, erfand er immer neue Ausflüchte, darin war er sehr erfinderisch. Seine Ausflüge führten ihn — in den Augen meiner Mutter: *verführten* sie ihn — in allerlei Bezirke, wo er

sich vor ihr sicher fühlen konnte. Etwa zu Friedhöfen, denn meine Mutter haßte alles auf den Tod, was an diesen erinnerte. Und eben hin und wieder in Bars.

In jenen Jahren vor dem II. Weltkrieg gab es in Berlin gewisse exklusive Zufluchtsstätten, wo sich die sogenannte gute Gesellschaft traf, Namen wie *Eden, Ciro*, die ich vom Hörensagen kannte, fallen mir dabei ein. Eine dieser Bars war *Die Insel* am Kufsteinerplatz. Dort verkehrte, was von der eleganten Welt der 20er und frühen 30er Jahre Berlins übrig geblieben war.

Darunter waren auch viele vom Film. Mein Vater arbeitete damals als Komponist und Dirigent beim Film, vornehmlich bei der Ufa. Durch diese Kreise muß er auf die schiefe Bahn geraten sein, und

dabei ist er wohl in der *Insel* gelandet. Wenn er von solchen Besuchen erzählte, bekam er glänzende Augen, als sei er aus einem Traumland zurückgekehrt.

Er hütete sich allerdings, seine Begeisterung allzu deutlich in Gegenwart meiner Mutter zu bekunden, um nicht ihren Argwohn, er sei ein liederlicher Mensch, zu verstärken. Mit dem Begriff *Bar* verband sie alles, was ihr für meinen Vater verderblich schien: Whisky, leichte Frauen, lockende Sünde.

Das war es aber gerade, was meinem Vater so außerordentlich verlockend schien, weil es ihm im Ehe-Alltag nicht gegönnt wurde.

Ich, damals Anfang Zwanzig, ergänzte meine Vorstellungen davon, wie es in einer Bar zuging, durch die Bilder, die mir das Kino vermittelte und die all das, was meinen Vater so von innen erstrahlen ließ, wenn er nur das Wort *Bar* in den Mund nahm, jeweils nur zu bestätigen schienen.

Es dauerte lange, bis sich der Zauber, den dieses Wort bei mir auslöste, verlor. Endgültig wohl erst, als ich eines Tages auf meiner ersten Italienreise feststellen mußte, daß in Italien jeder Steh-Ausschank, wo man seinen Cappuccino trinkt, Bar genannt wird. Das wirkte etwas ernüchternd.

Aber noch heute, wenn ich eine Bar betrete, kommt mir manchmal ein Schimmer von Erinnerung an jene geheimnisvolle Stätte, von der mein Vater so verzückt erzählen konnte, wo er sich so wohlgefühlt haben muß, außer Reichweite meiner Mutter.

TEQUILA-DRINKS

Tequila ist das heilige Wasser der Aztekten-Gott-Könige und existierte bereits vor den europäischen Schnäpsen. Schon der spanische Entdekker Bernal Diaz, der mit Hernando Córtez in Mexiko war, erwähnt Tequila in seinem Tagebuch.

Hergestellt wird dieses Göttergetränk aus einer Agave, der blaugrünen Maguey Tequilero, die erst nach zehn Jahren reift. Der innere Strunk dieser Pflanze wird dann aufbereitet, destilliert und am Ende des ganzen Prozesses auf Flaschen gefüllt – entweder als junges Getränk von heller Farbe oder als hellgelber, in Fässern gereifter edler Tequila.

In Mexiko ist Tequila das Nationalgetränk. Bei uns ist er noch nicht sehr bekannt. Getrunken wird er meistens pur, serviert mit einem Zitronenviertel und etwas Salz. Man zerbeißt das Zitronenviertel, leckt das Salz aus dem Grübchen zwischen Zeigefinger und Daumen und schüttet den Tequila in einem Zug hinterher.

In kaum einem Mixbuch findet man mehr als eine Handvoll Drinks, deren Basis Tequila ist.

Aber die Cocktailgrundlage Tequila wird sicher noch die Phantasie von vielen Barkeepern anregen.

Eine perfekte *Margarita* und einen *Tequila Sunrise* sollte man jedoch auch heute schon in jeder Bar bekommen.

Viele Mixer servieren *Margaritas* immer noch randvoll. Gläser, die Salz- oder Zuckerränder haben, sollten aber niemals bis obenhin aufgefüllt werden, da sich sonst Salz oder Zucker mit dem Drink vermischen, außerdem sieht es unansehnlich aus. Und wie für alles, gilt auch hier: Das Auge genießt mit.

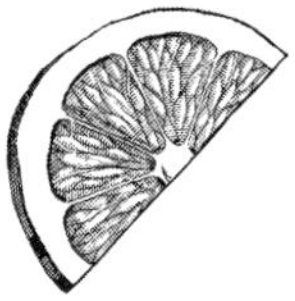

Tequila-Drinks

Margarita

4 cl Tequila
2 cl Cointreau
2 cl Lemon Juice
Zitronenviertel

Den Rand der Cocktailschale in einem Zitronenviertel drehen, auf eine mit Salz gefüllte Untertasse stülpen, hochheben und das überflüssige Salz abschütteln. Tequila, Cointreau und Lemon Juice auf viel Eis schütteln und in die Cocktailschale gießen.

Tequila Sunrise

6 cl Tequila
10 cl Orange Juice
Spritzer Zitrone
1-2 cl Grenadine

Superlongdrink-Glas gut zur Hälfte mit gestoßenem Eis füllen, Tequila, einen Spritzer Zitrone und Grenadine zugeben. Langsam mit Orange Juice aufgießen, vorsichtig umrühren — die Grenadine steigt langsam nach oben.

Tequila Mary

5 cl Tequila
10/12 cl Tomato Juice
1 cl Lemon Juice
Selleriesalz
Worcestersauce
Tabasco

Alle Zutaten auf Eis kräftig schütteln, (würzen nach Geschmack des Gastes) und im Longdrink-Glas servieren.

Latin Lover * 1984

3 cl Tequila
2 cl Pitu
2 cl Lime Juice
4 cl Pineapple Juice
1 cl Lemon Juice
Ananasstück

Alle Zutaten auf Eis kräftig schütteln, in ein bis zur Hälfte mit gestoßenem Eis gefülltes Longdrink-Glas gießen. Mit Ananasstück garnieren.

Tequila-Drinks

Yellow Boxer

* 1981

5 cl Tequila
2 cl Galliano
2 cl Lime Juice
2 cl Lemon Juice
1 Spritzer frischer Orange Juice

Zutaten auf Eis kräftig schütteln, in ein mit gestoßenem Eis gefülltes Ballon-Glas abseihen.

Pepe

* 1984

3 cl Tequila
2 cl Pitu
4 cl Grapefruit Juice
Spritzer Triple Sec
Spritzer Zitrone

Zutaten auf Eis im Shaker kräftig schütteln, in Longdrink-Glas mit Eis gießen.

Tequila Gimlet

3 cl Tequila
2 cl Lemon Juice
2 cl Lime Juice
Spritzer Limettensirup

Zutaten auf Eis im Shaker kräftig schütteln, in vorgekühlte Cocktailschale gießen.

Tequila Sour

5 cl Tequila
2-3 cl Lemon Juice
Zuckersirup
Cocktailkirsche

Alle Zutaten auf Eis kräftig schütteln, in Sour-Glas abgießen. Mit einer Cocktailkirsche garnieren.

TEQUILA-DRINKS

EL DIABLO

5 cl Tequila
2 cl Crème de Cassis
Ginger Ale
1/2 Limette

Longdrink-Glas bis zur Hälfte mit Eiswürfeln füllen, Limette auspressen und dazugeben, Tequila und Cassis hinzufügen und mit Ginger Ale aufgießen, vorsichtig umrühren.

BRAVE BULL

3 cl Tequila
3 cl Tia Maria

Zutaten auf viel Eis im Rührglas kräftig rühren, in ein gekühltes Sherry-Glas gießen.
Kann mit leicht geschlagener Sahne aufgefüllt werden (Whipped Cream).

CARABINIERI

3 cl Tequila
2 cl Galliano
2 cl Lime Juice
8 cl Orange Juice
1 Eigelb

Zutaten kräftig schütteln, in ein mit gestoßenem Eis gefülltes Longdrink-Glas füllen.

MALCOLM LOWRY * 1984

2 cl Tequila
2 cl weißer Rum
2 cl Cointreau
2 cl Lemon Juice
Zitronenviertel

Den Rand einer Cocktailschale in einem Zitronenviertel drehen, auf eine mit Salz gefüllte Untertasse stülpen, hochheben, das überflüssiges Salz abschütteln. Tequila, Rum, Cointreau und Lemon Juice auf viel Eis schütteln und in die Cocktailschale gießen.

Marianne Schmidt · Schule der Frauen

Auf die Frage, warum ich Reporterin geworden und geblieben bin, ist mir unter vielen möglichen Antworten immer wieder die eine eingefallen: weil mich dieser Beruf legitimiert hat, überall in der Welt alleine in Bars zu gehen und dort schon zu einer Zeit auf Interviewpartner gewartet zu haben, als ich a) noch minderjährig war und b) Frauen im allgemeinen noch nicht daran dachten, ohne männliche Begleitung am Tresen zu erscheinen.

Bars — ich meine die wirklich guten, echten Bars, von denen es in Deutschland immer noch viel zu wenige gibt — haben dafür gesorgt, daß ich unter emanzipierten Männern aufgewachsen bin. Deshalb habe ich um meine eigene sogenannte Gleichberechtigung nie großartig kämpfen müssen.

In den richtigen Bars sind Leute, die reden und trinken wollen, mal ernsthaft, mal oberflächlich, wie's grade kommt. Politik, Witze, Wirtschaft, Kollegen, Klatsch.

Nach dem ersten Drink wissen sie Bescheid. Nach dem fünften sind sie Experten. Nach dem zehnten sind alle anderen Idioten. Und kommt ein fabelhafter weiblicher Hintern vorbei, reden sie darüber natürlich auch.

Weil dem Hintern in der Bar sein angemessener Platz zugewiesen ist, habe ich lange nicht die Klagen der Frauen begriffen, die nicht ›nur‹ Sexualobjekt der Männer sein wollten.

In einer wirklich guten Bar sind Frauen es nie ›nur‹, sondern bestenfalls ›auch‹. Und genauso habe ich mir als Kind das Leben von Erwachsenen vorgestellt.

Bars sind allerdings auch gefährlich. Zum Beispiel, wenn ein weiblicher Gast anfängt zu glauben, Männer wären alle so loyal und einfühlsam wie Barmänner, die noch nach fünf Jahren wissen, daß man seine Bloody Mary ohne Selleriesalz möchte, oder so gutgelaunt gehorsam wie der Typ am Piano, der noch nach zehn Jahren weiß, wann man George Shearings Pianoversion von ›Fly me to the moon‹ zum vierten Mal hören will.

Es ist bei mir so: Den richtigen Malt, Whiskey Sour oder Gin könnte ich zu Hause besser und gemütlicher trinken.

Aber Männer, die ich mag, sind zu Hause — im Gegensatz zu Flaschen — normalerweise jedoch weniger zahlreich vorhanden.

Wolf Wondratschek

(Für Walter — Bar-Kellner im Schumann's, München)

Ich bin noch nie aus Vergnügen in eine Bar gegangen. Aus Vergnügen bleibe ich zuhause, oder ich besuche Freunde. Was mich in eine Bar treibt, ist Unglück, alles Unglück dieser Erde.

Schon als Kind erhoffte ich mir von Alkohol um so stärkere Wirkung, je weniger er mir schmeckte ... dabei blieb es. Die Vorstellung, ich trinke Gift, wirkt belebend, noch immer. Ich sage das nicht, weil ich darauf stolz bin. Es ist nur die Wahrheit. Ich trinke, um betrunken zu sein.

Kultivierte Kenner des Alkohols können mich. Und Frauen, die von Sektlaunen schwärmen, sind mir ein Greuel. Wer in einer Bar ein Gespräch beginnt über die Chancen der Selbstverwirklichung, gehört geköpft.

Eine Bar, die mir gefällt, hat mit Frauen nichts zu tun. In diese Bar verirren sich Frauen nur durch Zufall — bei ihrem Anblick hat man das sichere Gefühl, daß hinter der Tür die Wüste beginnt, oder ein Ozean.

In dieser Bar ist Sentimentalität die letzte Stufe zum Irrsinn.

Mich langweilen Weintrinker, und Biertrinker öden mich an. Und die Planters-Punch-Profis — mit der Surfbrettbräune bis zum Nacken — bringen mich um den Rest meines Wohlbefindens. Ihr lautes, beleidigend lautes Gelächter ist so leer wie der tiefere Glanz in den Augen ihrer Freundinnen, die ihren bunten Südsee-Cocktail umrühren.

Eine Bar ist ein verlassener Platz, und je wohler man sich fühlt, um so klarer wird einem, daß er auch von Gott verlassen ist.

Sie ist dunkel, und die Dunkelheit ist der Geisteszustand derer, die jetzt nicht mehr reden wollen. Es sind nervöse, aggressive Trinker, aber doch schweigen sie.

Eine Bar, die nicht (fast) leer ist, taugt nichts — aber auch sie ist kein Paradies. Und auch du, in deinem wilden, kalten Wohlgefühl der Trunkenheit, in dem dir nichts weiter passieren kann, als daß dir ein paar alte, selbstüberhebliche Träume gefährlich werden, wirst es nicht ändern. Alkohol hat einen Fehler: auch er läßt uns die Frauen nicht vergessen. Allein dieser Gedanke ist ziemlich ernüchternd.

Wodka-Drinks

Das Nationalgetränk der Russen, der Wodka, kommt eigentlich aus Polen. Schon im 17. Jahrhundert war er dort bekannt, und er wurde jahrhundertelang nur in den östlichen Ländern hergestellt.

Erst russische Emigranten machten Wodka im ersten Drittel dieses Jahrhunderts auch im Westen bekannt. Und zu einem wirklich beliebten Getränk ist er in den letzten Jahrzehnten avanciert.

Vor allem die Amerikaner lieben den Wodka inzwischen sehr, stellen ihn selbst in großen Mengen her und benutzen ihn für viele Cocktails.

Unter den begeisterten Wodka-Trinkern, die vor allem seine Klarheit und den sanften Geschmack lieben, wird es wohl ewig ein Streitpunkt bleiben, welches Land den besten herstellt, Rußland, Polen, Finnland — oder ob man überhaupt nur den hochprozentigen sibirischen trinken darf.

Als Basis für Cocktails ist Wodka wie Gin geduldig und zum Experimentieren bereit, ohne daß er beleidigt ist oder gar zum Spielverderber wird. Mit Bitter Lemon oder Säften ist er ein beliebter Durstlöscher, und man vergißt leicht, daß man einen hochprozentigen Drink zu sich nimmt, denn er schmeckt ja nie vor. Bei vielen Drinks kann man Gin und Wodka untereinander austauschen, und es kann eigentlich kaum etwas passieren. Jedoch hat auch Wodka seinen Stolz.

Wenn Sie ihn unbedingt herausfordern wollen, dann versuchen Sie ihn einmal mit Gin zu verbinden. Sie werden Ihr blaues Wunder erleben. In unserer Bar stehen nicht einmal beide Flaschen nebeneinander, denn Gefahren sollte man immer vorbeugen.

Wodka-Drinks

Bloody Mary

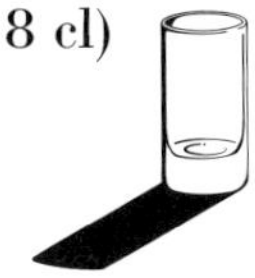

5 cl Wodka (bei Hard Drinkers 8 cl)
1 cl Lemon Juice
Selleriesalz
Worcestersauce
Pfeffer (frisch gemahlen)
Tabasco
10/11 cl Tomatensaft

Zutaten auf Eis im Shaker kräftig schütteln. Nur so vermischt sich alles. Wenn man die BLOODY MARY im Glas rührt – wird sie zwar nicht trüb, die Gewürze jedoch verbinden sich keinesfalls mit Wodka und Saft.

Nimmt man anstelle von Wodka Tequila, so heißt der Drink TEQUILA MARY.
Für die BLOODY MARIE fügt man den Zutaten der BLOODY MARY einige Tropfen Pernod hinzu.
Die Dänen nehmen Aquavit anstelle von Wodka, dann heißt der Drink DANISH MARY.
GERMAN MARY würde dann Korn anstelle von Wodka bedeuten.
Die Verbindung Wodka und Tomatensaft ist jedoch unschlagbar.

Bull Shot

5 cl Wodka
10 cl Consommé

Die Zutaten werden auf Eis in einem Longdrink-Glas verrührt. Verwendet man Tomatensaft und Consommé zu gleichen Teilen, so heißt der Drink BLOODY BULL.

Die Hoffnung, in einer Bar einen vernünftigen BULL SHOT zu bekommen, ist fast aussichtslos. Denn die Consommé nachträglich zu würzen, garantiert kaum das Gelingen eines BULL SHOT's. Versuchen Sie deshalb, sich Ihre BULL-SHOT-Consommé selbst herzustellen! Das kostet Zeit, doch es lohnt sich!

Wodka-Drinks

Harvey Wallbanger

4 cl Wodka
2 cl Galliano
10 cl Orange Juice

Zutaten im Longdrink-Glas auf Eis verrühren. Ohne Galliano entsteht unser altbekannter WODKA ORANGE, auch SCREW DRIVER genannt.
(Galliano ist ein Vanillelikör, der nur in Feinkostgeschäften erhältlich ist.)

Salty Dog

5 cl Wodka
5 cl Grapefruit Juice

Zutaten auf Eis im Shaker schütteln, in eine vorgekühlte Cocktailschale mit Salzrand gießen. — *(Artur Breslauer, früherer Junior-middleweight-Champ — allerdings nur in Brooklyn — gibt etwas Salz in den Drink — ihm schadet's sicher nicht mehr.)*

Moscow Mule

6 cl Wodka
Spritzer Lemon Juice
Ginger Beer oder Ginger Ale
Zitronenschale

Zutaten auf Eis im Longdrink-Glas verrühren. Zitronenschale dazugeben.

Casablanca

3 cl Wodka
2 cl Eierlikör
2 cl Lemon Juice
4 cl Orange Juice

Zutaten im Shaker auf Eis kräftig schütteln, in einem mit gestoßenem Eis gefüllten Longdrink-Glas servieren.

WODKA-DRINKS

YELLOW FEVER * 1982

4 cl Wodka
2 cl Galliano
6 cl Pineapple Juice
1 Spritzer Zitrone
Ananasscheibe
Cocktailkirsche

Zutaten auf Eis im Shaker kräftig schütteln, in ein mit gestoßenem Eis gefülltes Glas abgießen.
Ananasscheibe und Cocktailkirsche dazugeben.

WOLGA WOLGA * 1979

6 cl Wodka
1 cl Sirop de Menthe, grün
Tonic

In ein zu 3/4 mit Eiswürfeln gefülltes Longdrink-Glas den Wodka gießen, mit Tonic auffüllen,
dann den Sirop de Menthe langsam hineingleiten lassen.

WHITE CLOUD

4 cl Wodka
2 cl Crème de Cacao, weiß
2 cl süße Sahne
6 cl Pineapple Juice

Zutaten im Shaker kräftig schütteln, in ein mit gestoßenem Eis gefülltes Glas geben.

CHI CHI

6 cl Wodka
2 cl Coconut Cream
2 cl süße Sahne
4 cl Pineapple Juice
Ananasscheibe
Cocktailkirsche

Zutaten auf Eis im Shaker kräftig schütteln, in ein mit gestoßenem Eis gefülltes Glas füllen,
mit Ananasscheibe und Cocktailkirsche garnieren.

Wodka-Drinks

White Russian

4 cl Wodka
2 cl Kahlua
leicht angeschlagene Sahne

Zutaten im Rührglas auf viel Eis rühren, in ein Südwein-Glas gießen und die leicht angeschlagene Sahne darübergleiten lassen.

Black Russian

4 cl Wodka
2 cl Kahlua

Zutaten auf Eiswürfeln im Tumbler verrühren. Das Verhältnis von Wodka und Kahlua kann auch verändert werden (z. B. eins zu eins).

Green Russian

4 cl Wodka
2 cl Crème de Menthe, grün

Zutaten im Glas (Tumbler) auf Eis verrühren.
Gibt man Crème de Menthe, weiß, dazu, so hat man einen WODKA STINGER.

Red Russian

4 cl Wodka
2 cl Cherry Herring
(Kirschlikör)

Zutaten im Tumbler auf Eis verrühren.

WODKA-DRINKS

GREEN SPIDER

4 cl Wodka
2 cl Sirop de Menthe
Soda oder Tonic
Minzeblätter

1-4 Eiswürfel in ein Longdrink-Glas geben, Zutaten dazuschütten, mit Soda oder Tonic aufgießen, umrühren, mit Minzeblättern garnieren.

GREYHOUND

6 cl Wodka
6 cl Grapefruit Juice

Zutaten im Longdrink-Glas auf Eis rühren.

CUBAN ISLAND

* 1984

2 cl Wodka
2 cl weißer Rum
2 cl Lemon Juice
2 cl Cointreau

Zutaten im Shaker auf Eis kräftig schütteln, in vorgekühlte Cocktailschale gießen.

Natürlich kann man mit Wodka auch viele der klassischen Drinks herstellen, zum Beispiel:

WODKA GIMLET, WODKA COLLINS
WODKA FIZZ
WODKA MARTINI (WODKATINI)
WODKA SLING
WODKA SOUR
WODKA STINGER

Heinz van Nouhuys

Die Wohnungen und Häuser haben gewechselt so wie die Frauen und Freundinnen. Die Vorlieben für Hotels und Airlines haben sich geändert, das Gefühl für die Benutzbarkeit von Schiffen ebenso. Die einzigen geschlossenen Räume auf der Welt, die über dreißig Jahre für mich die gleichen geblieben sind, tragen an ihrer Außenfront die Aufschrift *Bar.*

Bars sind für mich keine Stätten, wo man mal schnell einen runterkippt oder wo man sich gezielt die Hucke vollaufen läßt. In meinem Leben hatten Bars eine völlig andere Funktion, und mit jedem neuen Lebensabschnitt hatte sich diese Funktion verändert.

Mit zwanzig erzogen mich Bars zum kultivierten Trinken. Nach den barbarischen Besäufnissen auf Parties, in Landgasthäusern und ordinären Kneipen, brachten die Bars Stil in meine verwilderten Trinksitten. Ich lernte, daß es besser ist, weniger, aber dafür bessere Spirituosen zu trinken; ich lernte, daß man sich dort über viele Jahre hinweg gut zu benehmen hat, bevor man die Privilegien eines Stammgastes genießen darf.

Mit dreißig als Stammgast in einem knappen halben Dutzend renommierter Trinktempel hatten sich die Trinkgewohnheiten herausgebildet, mit denen mein Organismus am besten zurechtkommt. Das hieß: Cognac nach dem Essen, aber nie mehr als zwei. Whiskey Sour (mit Tennessee Sour mash) gegen den Durst — nie mehr als zwei —, ansonsten: Pure single Malt Scotch im Sherryglas serviert mit Eiswasser daneben. Davon schafft man je nach Tagesform fünf bis fünfzehn, ohne Schaden zu nehmen. Das Ende der Tagesform signalisiert der Körper, wenn er nach mehr Wasser als Whisky verlangt.

Barkeeper in guten Bars beobachten ihre Gäste genau. Stammgast auf Dauer kann nur der bleiben, der seinen Alkoholkonsum im Griff behält; Besoffene und Randalierer sind der Tod jeder Bar und werden ungeachtet ihres früheren Umsatzes schnell verbannt, wenn ihre Sitten verludern. Das erzieht zur trinkerischen Disziplin und hilft gleichermaßen dem Ansehen wie der Leber.

Wer es bis vierzig zum etablierten geachteten Stammgast gebracht hat, lebt in einer kosmopolitischen Heimat ohne Grenzen. Ein Dutzend Bars über den Erdball verstreut, in denen man auf diese Weise zu Hause ist, stellt das beste Kommunikationszentrum dar, das man sich denken kann.

Meine Heimat sind die Bars

Gute Barkeeper wissen alles über die guten Männer in ihrer Stadt, sie versorgen den angereisten Stammgast mit allen Informationen über seine potentiellen Geschäftspartner; man kann seine Post zu ihnen schicken lassen, sie helfen einem mit Bargeld aus, na ja, und ein paar Mädchen kennen sie natürlich auch. Obwohl die Rolle der Erotik in Bars von Unkundigen oft maßlos überschätzt wird.

Die Tradition der Bars stammt aus den feinen englischen Clubs, in denen überhaupt keine Damen erlaubt sind; in die *Oak Bar* des New Yorker *Plaza* durften bis Ende der 60er Jahre überhaupt keine Frauen, im New Yorker *21* wird noch heute der Geschäftsführer giftig, wenn der Gast auch nur den Arm über seine — selbstverständlich mitgebrachte — Dame legt.

Eine anständige Bar ist die letzte Männerheimat. Kein Barkeeper sieht es gern, wenn in seinem Etablissement Damen angeackert werden; Liebespaare sind erlaubt, aber wenn es geht, sollten sie nicht am Tresen Platz nehmen, sondern in dem abgeteilten Raum, wo der Klavierspieler sitzt und — alle musikalischen Moden souverän ignorierend — seit fünfzig Jahren *Misty* spielt.

Meine Erfahrung hat mich gelehrt, daß Bars nicht von Männern besucht werden, die eine Frau suchen, sondern von solchen, die zu Hause eine haben, von der sie sich erholen wollen.

Lieber Heinz,

wenn Du am frühen Abend an der Bar stehst, schaust Du mir oft verstohlen — manchmal sogar etwas verächtlich — auf die Finger, und wenn ich dann zu mixen beginne, kommt es immer wieder vor, daß Du laut protestierst.

Denn für Dich kommt an gemixten Getränken ja höchstens eine Bloody Mary in Frage, und die trinkst Du am liebsten in der Oak Bar.

Und Deine Whiskey Sours – sehr sauer bitte – trinkst Du ja auch nur bei großem Durst.

Trotzdem habe ich eine ganze Menge Whisky-Drinks ausgegraben, Drinks, von denen einige Bargeschichte geschrieben haben.

Charles

Whisky-Drinks

Whisky trinken ist bei uns nie sehr populär gewesen und wird es wohl auch nie werden.

Wenn ein Whiskytrinker in die Bar kommt, kann man fast sicher auf einen Amerikaner tippen, der dann auch *seine* Marke trinkt. Doch kommt der Getreidebranntwein Whisky ursprünglich aus Schottland. Erst später wurde Bourbon, der amerikanische Whiskey, aus Mais hergestellt.

Unsere Gelegenheitswhiskytrinker erkennt man daran, daß sie Whisky ohne Markenangabe bestellen. Wenn man sie dann nach ihren Wünschen fragt — verlangen sie immer *Chivas* oder *Dimple*.

Seit einiger Zeit ist Malt Whisky dank einiger Zeitungsartikel groß in Mode gekommen. Selten kennt sich ein Barmann damit aus, aber Gäste, die davon etwas verstehen, sind noch seltener.

Ich persönlich trinke am liebsten Irish-Whiskey, pur mit einem Glas Eiswasser.

Viele Cocktails, die als Basis Whisky haben, sind in aller Welt berühmt. Wenig bekannt, aber deshalb nicht weniger gut, sind die Whisky Juleps, die immer mit frischer Minze zubereitet werden müssen. Frische Minze ist bei uns aber leider nur im Sommer zu haben, und das Aroma der Minze gibt den Geschmack des JULEP.

Und weil der JULEP aus dem Süden der Vereinigten Staaten kommt, ist es beinahe selbstverständlich, daß man ihn mit Bourbon zubereitet, tatsächlich eignet dieser Whiskey sich auch am besten dazu.

Da man zur Julep-Zubereitung immer fein geschlagenes Eis benützt — was ja bekanntlich nicht einmal in vielen Bars vorhanden ist —, ist es ratsam, die mit fein geschlagenem Eis gefüllten Gläser vorzubereiten und im Tiefkühlfach aufzubewahren. Nichts schmeckt abscheulicher, als ein verwässerter Julep.

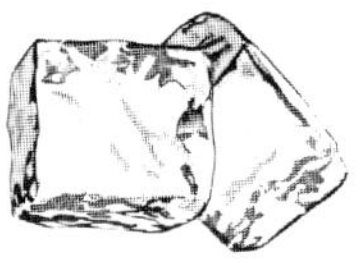

Whisky-Drinks

Whiskey Sour

4-6 cl Bourbon
2-3 cl Lemon Juice
1-2 cl Zuckersirup
Cocktailkirsche

Zutaten auf Eis im Shaker kräftig schütteln, in ein Sour-Glas gießen, Cocktailkirsche zugeben; kann auch auf Eis im Whiskytumbler serviert werden.

Nimmt man Scotch dazu, dann heißt der Cocktail SCOTCH SOUR.

Selbstverständlich kann auch Irish Whiskey oder Canadian Whisky dazu verwendet werden. Jedoch sollte man niemals Malt Whisky nehmen. Den kräftigsten WHISKEY SOUR erhält man mit *Wild Turkey* oder mit *Jack Daniel's,* dann heißt er WILD TURKEY SOUR oder JACK SOUR.

Old Fashioned

5 cl Whiskey (Bourbon oder Rye)
Angostura
1 Zuckerwürfel
Orangenviertel
Zitronenviertel
Kirsche
Wasser oder Soda

In ein Old Fashioned-Glas einen Zuckerwürfel geben, mit Angostura tränken und mit einem Barlöffel gut zerdrücken. Orangen- und Zitronenscheibe dazugeben, Whiskey darübergießen, mit Eiswürfeln auffüllen, gut verrühren, mit Wasser odere Soda aufgießen.

Old Fashioned kann unter anderem auch mit Gin, Brandy oder Rum zubereitet werden.

Whisky-Drinks

Manhattan Dry

4 cl Canadian Whisky
3 cl Vermouth Dry
1 Spritzer Angostura
Zitronenschale

Zutaten im Rührglas kräftig rühren, in vorgekühlte Cocktailschale gießen, mit Zitronenschale abspritzen.
Mit Bourbon heißt der Drink PRESBYTERIAN,
mit Scotch ROB ROY.

Manhattan Medium

4 cl Canadian Whisky
1 1/2 cl Vermouth Dry
1 1/2 cl Vermouth Rosso
1 Spritzer Angostura
Cocktailkirsche

Zutaten im Rührglas kräftig rühren, in vorgekühlte Cocktailschale gießen, Cocktailkirsche dazugeben.

Manhattan Sweet

4 cl Canadian Whisky
1 1/2 cl Vermouth Rosso
1 1/2 cl Vermouth Bianco
1 Spritzer Angostura
Cocktailkirsche

Zutaten im Rührglas kräftig rühren, in vorgekühlte Cocktailschale gießen, Cocktailkirsche zugeben.

Frisco Sour

6 cl Bourbon
3 cl Lemon Juice
2 cl Bénédictine

Zutaten auf Eis kräftig schütteln, im Sour-Glas servieren.

Whisky-Drinks

Bourbon Julep

8 cl Bourbon
10 Minzeblätter
Zuckersirup
1 Minzzweig

In ein Superlongdrink-Glas bis zu 10 Minzeblätter geben, etwas Zuckersirup dazugießen, die Minzeblätter mit der Rückseite eines Barlöffels gut zerdrücken. Glas mit gestoßenem Eis füllen, den Whiskey darübergießen, alles gut verrühren und einen Minzzweig zugeben.

Wild Turkey Julep

6 cl Wild Turkey
2 cl Cognac
1 Barlöffel Zuckersirup
10 Minzeblätter

In ein Superlongdrink-Glas Minzeblätter und Zuckersirup geben, mit der Rückseite des Barlöffels gut zerdrücken. Glas mit gestoßenem Eis auffüllen, Whiskey dazugeben, alles gut verrühren. Cognac am Schluß darübergleiten lassen (floaten).

Sweet Science * 1981

4 cl Scotch
2 cl Drambuie
4 cl Orangensaft

Zutaten im Shaker auf Eis kräftig schütteln, im Sour-Glas servieren.

Millionaire

4 cl Bourbon
2 cl Triple Sec
1 Eiweiß
1 Spritzer Grenadine
1-2 cl Lemon Juice

Zutaten lange und kräftig auf Eis im Shaker schütteln, in eine Cocktailschale abgießen.

Whisky-Drinks

New Yorker

4 cl Bourbon
Limettenviertel
1 Spritzer Grenadine

Bourbon in einen mit Eis gefüllten Tumbler gießen, Limettenviertel darüber ausdrücken und hineingeben, einen Spritzer Grenadine dazugeben und im Glas alles gut verrühren.

Ward Eight

5 cl Bourbon
2 cl Orange Juice
1 cl Grenadine
1 cl Lemon Juice

Zutaten auf Eis im Shaker schütteln, in vorgekühlte Cocktailschale abgießen.

Morning Glory

6 cl Scotch
3-4 cl Lemon Juice
Zuckersirup
1 Eiweiß
1 Spritzer Anisette
(Ricard oder Pernod)

Zutaten auf Eis im Shaker gut schütteln. In ein mit Eiswürfeln gefülltes Longdrink-Glas abgießen.
(Kann auch im Sour-Glas ohne Eis serviert werden.)

Horse's Neck

6 cl Bourbon
Angostura
Ginger Ale
Zitronenschalenspirale

Bourbon in ein mit mehreren Eiswürfeln gefülltes Longdrink-Glas gießen, einige Spritzer Angostura zugeben, mit Ginger Ale aufgießen und umrühren, lange Zitronenschalenspirale dazugeben.

Whisky-Drinks

New Orleans Sazerac

6 cl Bourbon
1 Würfelzucker
Pernod oder Ricard
Angostura oder
Peychaud Bitter
Spritzer Zitrone

Würfelzucker in ein Old Fashioned-Glas geben, mit Angostura oder Peychaud Bitter tränken. Pernod und Bourbon dazugeben, danach 5-6 Würfel Eis hineintun, gut umrühren, mit Zitrone abspritzen. (Kann mit etwas Soda oder Wasser aufgefüllt werden.)

TNT

4 cl Scotch
2 cl Anisette
(Pernod oder Ricard)

Zutaten auf Eis im Whisky-Tumbler verrühren. (Kann mit Soda oder Wasser aufgefüllt werden.)

Rusty Nail

4 cl Scotch
2 cl Drambuie

Im Whisky-Tumbler auf viel Eis verrühren. (Das Mischungsverhältnis kann auch verändert werden.)

Golden Nail

4 cl Bourbon
2 cl Southern Comfort

Zutaten auf Eis im Whisky-Tumbler verrühren.

WHISKY-DRINKS

BROWN FOX

4 cl Bourbon
2 cl Bénédictine

Zutaten auf Eiswürfeln im Whisky-Tumbler verrühren.

SOUTHERN COMFORT SOUR I

6 cl Southern Comfort
2 cl Zitronensaft
1 Spritzer Zuckersirup
Cocktailkirsche

Zutaten auf Eis im Shaker schütteln, in ein Sour-Glas oder einen Whisky-Tumbler, gefüllt mit Eis, abgießen, mit einer Cocktailkirsche garnieren.

SOUTHERN COMFORT SOUR II

4 cl Southern Comfort
2 cl Bourbon
2 cl Orange Juice
1-2 cl Lemon Juice
Cocktailkirsche

Zutaten kräftig auf Eis im Shaker schütteln, in ein Sour-Glas oder einen mit Eis gefüllten Whisky-Tumbler abgießen, mit einer Cocktailkirsche garnieren.

BOURBON FLIP

3 cl Bourbon
1 cl brauner Rum
3 cl süße Sahne
1 Eigelb
1 cl Zuckersirup
Muskatnuß

Zutaten im Shaker kurz und kräftig schütteln, in Cocktailschale gießen, Muskat darüberreiben.

Whisky-Drinks

Brigitte Bardot * 1981

2 cl Bourbon
2 cl Brandy
1 Eigelb
2 cl Sahne

Zutaten im Shaker kurz und kräftig schütteln, in Cocktailschale gießen.

Roswitha * 1984

2 cl Bourbon
2 cl Armagnac
2 cl Portwein
3 cl Sahne
1 Eigelb

Zutaten im Shaker kurz und kräftig schütteln, in Cocktailschale gießen.

Colonel Collins

5-6 cl Bourbon
3 cl Lemon Juice
1-2 cl Zuckersirup
Soda
Zitronenschale
Cocktailkirsche

Zutaten im Shaker auf Eis kräftig schütteln, in ein zur Hälfte mit Eis gefülltes Longdrink-Glas abgießen, mit Soda auffüllen und mit Cocktailkirsche und Zitronenschale garnieren.

Ich rate COLLINS immer im Shaker zu schütteln, weil sich beim Rühren die Zutaten nicht einwandfrei verbinden. Mit Canadian Whisky zubereitet heißt der Drink CAPTAIN COLLINS, mit Scotch zubereitet SANDY COLLINS

Franz Spelman

In der westlichen Kultur stellt die Bar, seit 100 Jahren, einen unverbindlichen Freiraum dar, dessen Erfolg von der Persönlichkeit des Barmanns und seiner Assistenten liegt. In einer eigenartigen Wechselwirkung haben solche Koryphäen wie Tony im *Oakroom* des Hotels *Plaza* in New York, Jimmy vom Hotel *Drake* in Chicago, Mr. Wu vom *Mandarin* in Hongkong, Alphonese vom *George V.* in Paris, Ronny vom *Savoy* in London und Charles von *Schumann's* in München ihr Lokal genauso geprägt, wie sie selbst von ihm geprägt worden sind. Sie wurden zum wichtigsten Bestandteil des Inventars. Weit mehr als Durststiller sind sie die Betreuer der Aufsteiger, Witwentröster, Klagemauer, Vermittler und diskrete Kuppler, Beichtväter und Bezugspersonen. Hemingway hat dem Typ das literarische Denkmal gesetzt.

Unter den vielen profilierten Männern hinter den Theken, vor denen ich zeit meines Lebens lang gestanden habe, war der wohl interessanteste ein Mann, der allerdings bis heute noch in keinen Memoiren aufgetaucht ist. Dabei war der Herr Köhler von der *Splendid Bar* eine Schlüsselfigur. Er hatte die Bar 1945, mitten im zerstörten Wien, eröffnet. Dort regierte er, gestaltete sie jahrelang zu dem faszinierendsten, hintergründigsten Treffpunkt zwischen Ost und West. Die Wiener *Splendid Bar* besteht, wenn auch seitdem mehrmals umgebaut, noch heute. Herrn Köhler (sein Vorname war Johann oder John, jedoch wußte man das auch damals nicht) gibt es schon längst nicht mehr. Viele Leute erinnern sich noch an ihn, den drahtigen, eher kleinen, scharfgesichtigen, tadellos gekleideten Mann mit dem ironischen Lächeln, der nicht nur imstande war, Europas beste Drinks zu mischen, der es sich auch, noch wichtiger fast, zur Aufgabe gemacht hatte, seine Gästeschar zu erziehen. Die sollten über ihn nichts, aber er über die alles wissen. Keine geringe Errungenschaft, besonders wenn man die Vielfalt und die Zwielichtigkeit seiner Gäste beachtet. Allerdings war er von einer Welterfahrung, die sogar in seinem Beruf außergewöhnlich war.

Geboren war er noch vor der letzten Jahrhundertwende. Er hatte sein Handwerk als Piccolo in jenen legendären Tanzpalästen entlang der Kärntnerstraße — dem *Tabarin*, dem *Maxim*, dem *Trocadero* — erlernt. Jene Etablissements, in denen die Jeunesse dorée der moribunden Habsburgermonarchie ihre

Herr Köhler von der Splendid Bar

Nächte bei Weib, Tango und Moët Chandon durchzechte. Im Krieg war er Soldat, verwundet an der Isonzofront. Nach seiner Rückkehr in das vom Inflationstaumel geschüttelte Wien wurde er, als Ex-Offizier, Eintänzer im *Moulin Rouge* und der *Femina Bar.* Vielleicht war es dieses Erlebnis, das ihm seine lebenslange Distanz zu den Frauen verlieh. Aber die Frauen liebten ihn trotzdem. Oder vielleicht deswegen. Er selbst blieb Junggeselle.

Schon 1925 hatte ihn der Besitzer des *Shepperd's* Hotels nach Kairo gelockt. Einige Jahre im alten Hotel *Waldorf-Astoria* in New York folgten. Dann war er im Hotel *International* in Shanghai. Schließlich landete er im Hotel *Raffles* in Singapur, damals die Hochburg des englischen Kolonialismus. Nirwana und Elysium der Männerwelt.

Nach Wien kehrte er 1942 auf mysteriösen Wegen zurück. Was ihn dazu getrieben hatte, in seine, von Hitler annektierte, bereits von den Bomben bedrohte Heimatstadt zurückzugehen, hat er mir nie verraten. Für die Nazis hatte er nie etwas übrig gehabt. Wahrscheinlich ahnte er, daß es hier, am Nullpunkt, Möglichkeiten geben würde, die er nirgendwo sonst gefunden hätte. Hier wurde er König, der Herr Köhler von der *Splendid Bar.*

Er hatte das damals wegen des Krieges längst gesperrte Lokal auf seinen Spaziergängen entdeckt. Nach den Plänen eines Ufa-Filmarchitekten geschaffen, dunkel getäfelt, mit einer Mahagoni-Bar und kleiner Tanzfläche, war der mittelgroße Raum neutral und kosmopolitisch. Unwienerisch. — Unkitschig. Den Pachtvertrag unterzeichnete er noch vor Kriegsende. Günstigst. Und obwohl es damals noch durchaus nicht klar war, ob das Gebäude in der Jasomirgottstraße die Bombennächte überleben würde, hoffte er, daß die nur einige hundert Schritt entfernte Stephanskirche, Wahrzeichen der Stadt, von den alliierten Fliegern verschont würde. Die Stephanskirche blieb jedoch nicht verschont. Sie wurde von den abziehenden SS-Truppen in Brand gesteckt. Die Jasomirgottstraße jedoch blieb, bis auf die fehlenden Dachstühle, verhältnismäßig intakt. Die *Splendid Bar* war unversehrt. Sibirische Truppen hatten zwar den Saal als Stallung für ihre Zugpferde benützt. Aber das Mobiliar, rechtzeitig auf niederösterreichische Bauernhöfe verlagert, konnte alsbald durch bestochene russische Soldaten auf ihren Lastwagen zurückgebracht werden.

Franz Spelman

Die *Splendid Bar* wurde am 15. August 1945 wiedereröffnet. Für längere Zeit war es das einzige Nachtlokal in der verwüsteten Stadt. Herr Köhler, im tadellosen Anzug, befehligte seine Mannschaft. Auf dem Podium standen drei Musiker. Hinter der Bar zwei Assistenten. Vorerst gab es dort allerdings nur Limonade und russischen Wodka, vier Kellner und einen Hünen aus dem Balkan, der an der Eingangstür stand, um Herrn Köhler durch eine elektrische Klingel zu alarmieren, wann immer unpassende Gäste erschienen. Jovan war Herrn Köhlers Erfindung. Er war der erste Türsteher in der Geschichte der Bar.

Der Hauptraum strahlte, sogar alle elektrischen Birnen brannten. Die Gläser blitzten. Vor der Eingangstüre hingen die vier Flaggen der Alliierten, Warnzeichen an die allzu neugierigen Wiener Männer, den Eintritt zu wagen. Dieses Tabu galt allerdings nicht für die hübschen Wienerinnen.

Vorerst erschienen nur die einfachen Soldaten. Russische Muschiks, die damals noch an die Verbrüderung glaubten. Englische Sergeanten. Franzosen in Zivil. Und die reichen amerikanischen GIs.

Herr Köhler gestand mir, daß er dies nur für den Beginn hielt. „Glaub'n S' mir, Mr. Spelman, des ist alles nur der Anfang. Wir krieg'n schon die richtigen Leit."

Jovan an der Tür mit seinem »Überfüllt, we have a full house, nous sommes complet. Njet, njet« bewährte sich. Bald erschienen die höheren Chargen, die Offiziere, die Majore, die Obersten und gelegentlich schon mißtrauisch scheue Voyeure, die Generalität. In ihrem Troß die schillernden Figuren der internationalen Unterwelt, die ungarischen und rumänischen Spekulanten, Freibeuter, Entrepreneure, die Waffenhändler, Marschallplan-Güter-Schmuggler, Hasardeure. Auch die Qualität der Begleiterinnen stieg zusehendst. Viele, frisch aus Budapest importierte Lebedamen, rassige Polinnen und abenteuerdurstige Amerikanerinnen.

Aber schon erschienen auch jene mysteriösen Figuren, von denen man wußte, daß sie für einen, und vermutete, daß sie gleichzeitig für mehrere Geheimdienste arbeiteten. Eine Insel entstand hier, die trotz der immer größer werdenden Spannungen am Leben blieb. Herr Köhler sorgte dafür. Und die Autoritäten ließen ihn gewähren.

Herr Köhler von der Splendid Bar

Colonel Jeff Altenburg, damals Resident der CIA in der amerikanischen Botschaft in der Boltzmanngasse, sagte mir einmal: »Nicht nur wir und die Russen, sondern alle die anderen, die wir nicht riechen können, sind Herrn Köhler dankbar. Ihm ist es gelungen, eine Zone zu schaffen, eine Informationsbörse, in der man alles über alle erfahren kann, und sich dabei noch vergnügt.«

Herr Köhler selbst war sich seiner selbstgeschaffenen Mission stets bewußt. »Ich bin ein Erzieher«, sagte er mir. »Ich zwing die Leute sich zu benehmen und miteinander zu sprechen. Denn wenn sie sich schlecht benehmen, dürfen s' das nächste Mal nimmer herein. Und das ist die größte Straf' für sie in dieser faden Stadt.«

Der Ruf dieser seltsamen Bar verbreitete sich weit über die Grenzen Österreichs. Noch heute enthalten die verstaubten Dossiers der Geheimdienste in Washington, London, Paris und Moskau die Transkripte jener abertausend abgehörter Telefongespräche aus der *Splendid Bar*, die damals die etwa 300 Lauscher der alliierten Zensurbehörde aufzeichneten.

Ob Herr Köhler allerdings seine Menschenkenntnis und seinen scharfen Verstand jemals für Informationszwecke ausnützte, blieb unbekannt. Wahrscheinlich hätte er sich damit ein Vermögen verdienen können. Aber scheinbar war es ihm darum nicht zu tun.

Um 1948 begannen sich die abendlichen Besucher zu verändern, bürgerlicher zu werden. Auf Herrn Köhlers Anordnung verschwanden die vier Flaggen vor der Eingangstür. Allmählich kamen die Wiener. Entlang des Bürgersteiges an der Jasomirgottstraße standen nun weniger schwere Limousinen.

Herr Köhler schien diese Entwicklung zu begrüßen. Als ich ihn 1952 besuchte und ihn fragte, ob er diesen Gang der Dinge nicht beklagte, veränderte sich sein ironischer Ausdruck für einen Moment. »Wollen S' mir glauben oder net, i hab was getan, daß die Dinge hier wieder in Ordnung kommen. Man muß es nur möglich machen, daß die Leut' miteinander zum Red'n kommen. Hier haben s' reden können. Und gleichzeitig sich zu benehmen gelernt. Damit werden die Dinge nur noch viel besser werden in Wien.«

Herr Köhler erlebte das allerdings nicht mehr. Er starb, einige Wochen nach der Unterzeichnung des Staatsvertrages.

Hot Drinks

Kaffee in Verbindung mit Cognac, Brandy und selbstverständlich mit beinahe allen Likören (Cointreau, Grand Marnier, Drambuie etc.) ist einer der wichtigsten Bestandteile der heißen Bargetränke.

Ein typisches Getränk dieser Art ist der amerikanische Toddy, unserem Punsch gleichzustellen.

Zu vielen heißen Kaffee-Drinks wird ein Schuß heißer Sahne dazugegeben. Bei uns ist es meist ein dicker Klecks Schlagrahm auf dem Drink, denn die meisten Hersteller dieser Köstlichkeit wissen nur, daß die Sahne auf dem Kaffee stehen soll und je fester sie geschlagen ist, desto fester steht sie eben auch.

Diese Menschen scheinen aber den Unterschied zwischen einem Kaffee-Drink und einem Pflaumenkuchen nicht zu kennen.

Der *Irish Coffee* und seine Verwandten verlangen nun mal dringend nach ›whipped cream‹, d.h. nach leicht angeschlagener Sahne.

Es heißt, daß in den sogenannten Edelbars, wo viel Zeit für einen Kaffee-Drink aufgewendet wird, zwei Leute dafür zuständig sind. Einer, der das Zubereiten zelebriert, und einer, der beobachtet und der Sahne gut zuredet. Ich versichere Ihnen, daß dieser Aufwand nicht nötig ist.

Wichtig aber ist, daß der Kaffee heiß ist, der Alkohol nur angewärmt und nicht gekocht. Der Zucker, brauner muß es schon sein, wird im warmen Alkohol aufgelöst, dann wird der Kaffee dazugeschüttet und alles gut umgerührt, damit sich Alkohol, Zucker und Kaffee gut miteinander verbinden. Nun gibt es nur noch eine Schwierigkeit: die Sahne.

Lassen Sie von einem großen Löffel die leicht angeschlagene Sahne langsam und vorsichtig ins Glas gleiten — immer am Glasrand beginnen.

Auf Kaffee-Drinks, die ohne Zucker zubereitet werden sollen, hält die Sahne übrigens nicht; sie sinkt sofort ein, auch wenn Sie Ihr Getränk mit Beschwörungsformeln zu retten suchen.

Sie müssen also immer Zucker verwenden — oder Ihrem Gast eine graue, unansehnliche Suppe servieren . . .

Hot Drinks

Irish Coffee

4 cl Irish Whiskey
1 Tasse heißer Kaffee
2 Teelöffel brauner Zucker
leicht angeschlagene Sahne

Whiskey im Irish-Coffee-Glas anwärmen (nicht kochen), braunen Zucker dazugeben, mit heißem Kaffee auffüllen, gut verrühren. Leicht angeschlagene Sahne darübergleiten lassen.

Mexican Coffee

3 cl brauner Rum
1-2 cl Kahlua
1 Tasse heißer Kaffee
1-2 Teelöffel brauner Zucker
leicht angeschlagene Sahnc

Zubereitung wie beim IRISH COFFEE.

Pepino's Coffee

* 1982

3 cl Tequila
1-2 cl Kahlua
1 Tasse heißer Kaffee
2 Teelöffel brauner Zucker
leicht angeschlagene Sahne

Zubereitung wie beim IRISH COFFEE.

Italian Coffee I

2 cl italienischer Brandy
1-2 cl Amaretto
1 Tasse Espresso
etwas brauner Zucker
leicht angeschlagene Sahne

Zutaten im Punch-Glas verrühren, Sahne am Schluß darübergleiten lassen.
(Brandy und Amaretto vorher anwärmen.)

Hot Drinks

Italian Coffee II

Anstelle von Amaretto
Galliano verwenden

Zubereitung wie
ITALIAN COFFEE I.

Cafe Pucci

2 cl Golden Rum
2 cl Amaretto
etwas brauner Zucker
1 Tasse Espresso
leicht angeschlagene Sahne

Zubereitung wie
ITALIAN COFFEE I.

Cafe Brûlot

3-4 cl Cognac
1 Tasse heißer Kaffee
Zitronen- und Orangenschale
2 Nelken
1 Stück Zimt
Würfelzucker

Cognac im Punch-Glas anwärmen; eine heiße Tasse Kaffee dazugießen, Zitronenschale, Orangenschale, Nelken und Zimt dazugeben. Würfelzucker dazu reichen.

Cafe Caën

3 cl Calvados
1-2 cl Grand Marnier
1 Tasse heißer Kaffee
leicht angeschlagene Sahne
Zucker

In der Kaffeetasse oder im Punch-Glas verrühren. Zucker dazu reichen.

Hot Drinks

Martins-Rum-Orange-Punch * 1982

4 cl brauner Rum
2 cl hochproz. Jamaica-Rum
1 cl Southern Comfort
2 cl Lime und 2 cl Lemon Juice
4 cl Orange Juice, Zuckersirup
Zitronen- und Orangenschale

Zutaten im feuerfesten Punch-Glas gut erhitzen, mit Zitronen- und Orangenschale garnieren.

Hot MMM * 1983

3 cl Myer's Rum
2 cl Tia Maria
8 cl Sahne (Milch)
Zitronen- und Orangenschale

Zutaten in feuerfestem Glas gut erhitzen, Zitronen- und Orangenschale hinzufügen.
Zucker nach Geschmack zugeben.

Hot Frenchman * 1982

1/8 l Rotwein
2 cl Grand Marnier
1 cl Orange und 1 cl Lemon Juice
Orangenscheibe, Zitronenscheibe
Zimtstange, Nelken
etwas Zuckersirup

Rotwein, Grand Marnier und Säfte erhitzen, in ein vorgewärmtes Glas gießen. Dann Zimt, Nelken, Zitronen- und Orangenscheibe dazugeben.
Mit Zuckersirup abschmecken.

Whisky Hot Toddy

4-6 cl Whisky
2-3 cl Lemon Juice
Zuckersirup
Zitronenscheibe
Nelken

Zutaten erhitzen, mit sehr heißem Wasser auffüllen.
Nach Belieben Zuckersirup zugeben.
Zitronenscheibe mit Nelken gespickt hinzufügen.

Heisse Milch- und Sahne-Drinks

Sweet and Hot * 1984

4 cl brauner Rum
2 cl Kahlua
6 cl Milch
2 cl süße Sahne
Nelke
Zitronenschale

Zutaten in feuerfestem Glas heiß machen, Nelke und Zitronenschale dazugeben.

Goldie * 1984

3 cl brauner Rum
1 cl Galliano
4 cl Milch
2 cl Orangensaft
Spritzer Sahne

Zutaten in feuerfestem Glas heiß machen, Orangenschale dazugeben.

Red Mouth * 1984

4 cl weißer Rum
2 cl Cherry Heering
4 cl Milch
2 cl Sahne

Zutaten in feuerfestem Glas heiß machen, etwas Cherry Heering darübergleiten lassen.

Franziska * 1984

4 cl Milch
2 cl Sahne
2 cl Mangosirup
2 cl Maracujasaft
1 Löffel Honig

Zutaten im feuerfesten Glas erhitzen, umrühren, damit sich der Honig ganz auflöst. Großen Barlöffel dazugeben.

Dr. Zement hat alles an
den Mann gebracht
Surfbretter und Hubräume sind
unterwegs
Die Lügen mit dem Tag an
den Nagel gehängt

Licht im Blau
Schwarzjakob streut den Abend
aus
Prometheus manchmal
kippt Einen mit
schlägt einen Funken ins Glas

Später der Bürger-
steigt kreißt
reißt Löcher ins
Neonlicht. 220 Volt sind genug
Wehe wenn der Barthel
die Nacht holt

»So kamen wir ins Ritzhotel, und das Ritzhotel ist himmlisch. Denn in einer fabelhaften Bar sitzen und die famosesten Champagner-Cocktails trinken und alle diese wirklich bedeutenden französischen Leute sehen, das finde ich himmlisch. Ich meine, wenn man so tatsächlich zwischen den Dolly-Schwestern und Pearl White und Josefine Baker und Mrs. Nash sitzt, das ist überirdisch. Mrs. Nash anschauen und sich vorstellen, was Mrs. Nash schon aus manchem Herrn herausgebeutelt hat, das verschlägt einem den Atem.«

(Aus: Anita Loos — BLONDINEN BEVORZUGT)

»Abe North war noch immer in der Ritz-Bar, in die er um neun Uhr früh gegangen war. Als er dort Zuflucht suchte, standen die Fenster offen, und breite Sonnenbäder waren an der Arbeit, den verräucherten Teppichen und Kissen den Staub zu entziehen. Livrierte Diener rasten durch die Korridore, losgelassen und körperlos, als bewegten sie sich im Augenblick in einem luftleeren Raum. Der Bartisch für Frauen, der eigentlichen Bar gegenüber, erschien sehr klein — man konnte sich nur schwer vorstellen, wie viele Menschen am Nachmittag an ihm Platz fanden. Der berühmte Paul, der Inhaber, war noch nicht da, aber Claude, der die Bons nachzählte, unterbrach, ohne sich besonders überrascht zu zeigen, seine Arbeit, um für Abe eine Stärkung zu bereiten. Abe saß auf einer Bank, an die Wand gelehnt. Nach zwei Gläsern fing er an, sich besser zu fühlen, und zwar so viel besser, daß er zum Frisör hinaufging und sich rasieren ließ.«

(Aus: F. Scott Fitzgerald — ZÄRTLICH IST DIE NACHT)

»Und als Panik und Flucht begannen, war das Leben im Ritz unverändert. Madame Ritz blieb zurück, mit ihren Hunden und Kanarien-Vögeln, an ihrer Seite blieben Monsieur Beck, Olivier, Alphonse und Georges, Frank und Edouard. Nichts außer dem Ende der Welt hätte sie durcheinanderbringen können. Obwohl sie gegenüber Frankreich loyal waren, weil sie nur in Frankreich dieses Kunstwerk planen und fertigstellen konnten, das Ritz, hatten sie auf gewisse Art keine Nationalität. Von ihrer Herkunft her waren sie Elsässer, Österreicher, Schweizer, Franzosen, Italiener, aber sie gehörten zu einer Welt ohne Nationalität oder eher zu einer Welt über allen Nationalitäten, vielleicht die einzige wahre internationale Welt, die es gab — eine Welt, gewissermaßen über nationalistischen Gefühlen und Eifersüchteleien und Bitterkeiten.«

(Aus: Louis Bromfield — WAS GESCHAH MIT ANITA BOLTON)

Wie wir diesen Literatur-Zitaten entnehmen konnten, ist das *Ritz* in Paris kein x-beliebiges Vier-Sterne-Luxushotel. Es ist auch in unseren Tagen ein Symbol einer gewissen Lebenskultur; ein Treffpunkt des gehobenen Bürgertums aus der ganzen Welt, aus Industrie und Politik; ein Zeuge der Zeit-und Kulturgeschichte.

In den letzten Jahren hat sich in dieser typisch französischen Institution etliches verändert. Charles Ritz, der Sohn des Hotel-Gründers César Ritz, ist 1976 im Alter von 84 Jahren verstorben. Madame Monique Ritz verkaufte das renommierte Haus Ende der 70er Jahre an einen ägyptischen Unternehmer. Wegen der wirtschaftlichen Situation besuchen heute andere Gäste das *Ritz*, die die Zimmerfluchten nicht mehr auf Jahre hinaus mieten, wie es noch der *Prince of Wales* tat.

Trotz dieser Veränderungen bleibt das im Herzen von Paris gelegene Haus, zu Füßen der *Vendôme*-Säule, am Rand eines der berühmtesten Plätze der Seine-Stadt, der neuerdings zu den *Monuments Historiques* gehört — trotz allem bleibt das *Ritz* dem von seinem Gründer gesetzten Ziel treu: die Kunst der anspruchsvollen Hotellerie zu pflegen. Etwa in einem seiner Schmuckstücke: der Bar. Ein Symbol für Philosophie und Geschichte dieser einzigartigen Institution.

Die Bar

»In der Bar tauchten die meisten alten Gesichter auf, um Backgammon zu spielen, um zu trinken, zu planen, zu intrigieren — die Gigolos, die Weiß-Russen, einige Männer in Uniform. Im Großen, barocken Speise-Saal auf der Place Vendôme-Seite erschienen die gleichen alten Gesichter, die Süd-Amerikaner, der müde, verwirrte französische Adel, und einige reiche Flüchtlinge, die immer noch nicht die Besetzung von Paris begreifen konnten. Die Musik-Gruppe, vermindert um zwei Männer, die sich jetzt irgendwo in einer geschlagenen, sich zurückziehenden Armee befanden, spielte Wiener Walzer und die Musik von ›Les Trois Valses‹ und vom vergangenen *Phi-Phi.*«

(Aus: Louis Bromfield — WAS GESCHAH MIT ANNA BOLTON)

Der Seiten-Eingang des *Hotel Ritz* in der Rue Cambon, unweit der Musik-Halle *Olympia* und der Boutique *Coco Chanel*, ist überraschend klein. Nur ein paar abgetretene Stufen führen hinauf zur Drehtüre, die man sogar selbst bedienen muß.

Kein Glanz, kein Luxus, kein Gold. Betritt man die Ritz-Bar — gleich links nach der Drehtüre neben einem Canapé, noch einige kleine Schritte vor dem Empfangsbüro —, wird man auch hier überrascht. Dezent, schmucklos, unauffällig ist sie ausstaffiert.

Wie konnte dieser unscheinbare Raum zum Schauplatz zahlreicher Romane avancieren? (Viele Leser werden sich gewiß mit Vergnügen an die Bar im Roman *Zärtlich ist die Nacht* erinnern.)

Warum leerten Autoren wie Ernest Hemingway und F. Scott Fitzgerald hier den Whisky flaschenweise, wie die Legenden berichten? Wenn Sie selbst das fade Interieur sehen, zweifeln Sie an der Exaktheit dieser Überlieferungen. Und Sie haben nichts anderes mehr erwartet, wenn Ihnen die Keeper die traurige Wahrheit einschenken. Monsieur Claude erzählte mir trocken:

Die Bar des Ritz

»Ich erinnere mich nicht, daß Hemingway sehr viel trank. Fast überall glaubt man, daß Hemingway ein großer Trinker war. Einer, der ohne weiteres zwei Flaschen Scotch austrinken konnte, eine nach der anderen. Vielleicht hat er das auch gemacht, aber das muß dann zu einer Zeit gewesen sein, wo ich ihn nicht kannte. Ich rede jetzt von den Tagen, wo ich ihn hier erlebt habe. Und ich muß sagen, ich habe nie erlebt, daß Hemingway trank.«

Angeblich vollbrachten vor allem seine weniger berühmten Kollegen jene Taten, die es Wert sind, der Nachwelt erhalten zu bleiben. Und Monsieur Bertin fügte hinzu:

»Auch Fitzgerald trank eigentlich nicht sehr viel. Der Schriftsteller, der nach meinen eigenen Beobachtungen hier am meisten trank, war Louis Bromfield. Als er ankam, war er meist schon betrunken. Er trank zwei, drei, vier Whisky. Sicher waren es nicht diese zwei, drei, vier Whisky, die einen Einfluß auf den Rest seines Tages hatten. Er trank in seinem Zimmer, er trank bei Freunden, er trank im Restaurant, er trank in anderen Bars. Ob Bromfield 20, 30 oder 40 Martini trank, das weiß ich nicht. Ich weiß nur, daß er fast ständig betrunken war. Aber sehr anständig, sehr gut erzogen.«

Schwer vorzustellen, wieso Art Buchwald einmal rühmen konnte: *Die Ritz-Bar – eine der berühmtesten Trink-Institutionen Frankreichs!* Schrieb er es, weil hier angeblich einst die besten Cocktails der Welt gemixt wurden? Bertin, ein kleiner, wendiger Süd-Franzose, Languedoc parlierend, seit 1926 im *Ritz*, jetzt im Ruhestand, hat sich so seine eigenen Gedanken darüber gemacht. Er war ja kein Barmann üblichen Stils, schon eher Diplomat, Psychologe, Menschenkenner. Er wurde immer äußerst wehmütig, wenn er von seinem Vorgänger erzählte, vom verstorbenen *Ritz*-Meister der Cocktail-Kunst, von Frank Meier, dem legendären Barkeeper, Autor des Bandes *The Artistry of Mixing Drinks*. Mit nicht ganz unterdrücktem Schmerz berichtete Bertin von Meiers Fixes & Fizzes, Flips & Highballs, Toodes & Zooms. Er erinnerte sich, mit geröteten Augen, besonders an den *Bacardi Zoom*, den Meier für den Comte Jean de Limur kreierte; auch an *Nickey's Fitz-Fuzz*, den Meier für

einen russischen Prinzen mixte; oder an *Seapea* für Cole Porter, dessen Initialen C.P. waren. Bertin verriet mir bei meinem Besuch das Rezept des schönsten Meier-Cocktails: das Geheimnis des *Rainbow*. Mit folgenden Ingredienzen: Anisette, Pfefferminz, Chartreux, Cherry Brandy, Kümmel, wieder Chartreux und Cognac. Vorsichtig, sehr langsam eingegossen, entstehen dabei Schichten: blaßrot, grün, gelb, rot, weiß, blaugrün und goldbraun. Ein außergewöhnlicher Drink für außergewöhnliche Leute, meinte Bertin. Die Folgen solcher Regenbögen waren allerdings noch Jahre danach zu spüren: die Leute verlangten sie immer weniger. Bertin glaubte zu wissen, warum.

»Es gibt sehr wenig Barmänner, die ihr Handwerk verstehen. Das ist traurig. Um einen Cocktail zuzubereiten, genügt es nicht, einige Getränke zu nehmen, zu mischen, zu kühlen, eine Scheibe Orange und eine Scheibe Zitrone beizugeben — das ist nicht das Wichtigste. Ein Cocktail muß vor allem bekömmlich sein. Wenn Sie einem Ihrer Freunde einen Cocktail mixen, darf dieser Freund nicht indisponiert sein und krank werden. Ein Cocktail kann sehr schön aussehen — wenn einem darauf schlecht wird, ist das eine Katastrophe.«

Die Cocktails machten die *Ritz*-Bar nicht sonderlich attraktiv, meinte Bertin lakonisch. Eher andere Spezialitäten: Die *Morgen-danach-Getränke*. Die *Pick-me-up-drink* oder die fameusen *Corpse-Revivers No. 1 & 2*. Bertin drang bei dieser Erzählung ein Kloß in den Hals. Diese Stimmungsmacher werden nur noch von alten, treuen Gästen verlangt, die bereits seit Jahren im *Ritz* Hof halten, klagte er mit belegter Stimme. Diese Gäste machten die Arbeit nicht nur zu einem Vergnügen, er schätzte sich immer überaus glücklich, sie bedienen zu dürfen. Sie kamen bereits mittags in die Bar, blieben bis zehn Uhr abends — häufig noch länger. Sie ließen sich verwöhnen. Und das — das war schön.

Neue Gäste dagegen waren meist verhetzt und gejagt; sie nahmen sich nicht einmal Zeit, sich einen richtigen Cocktail schütteln zu lassen. Sie kommandierten: Whisky, Champagner, Martini. Pur. Bertin Azimont schüttelte sich. Seine impeccable weiße Jacke schien schattiger zu werden. Mit den exquisiten Trinksitten verschwanden auch die raffinierten und feinen Lebensarten unserer *belle époche*, verriet er leise. Nähern wir uns hier dem Geheimnis der Bar? Damit dem Geheimnis des *Ritz*?

»Die Bar war früher ein Ort, wo die Leute sich zusammenfanden, um zu plaudern — über Pferderennen, Theater, Kunst. Das beschränkte sich darauf. Jetzt dagegen ist die Bar ein Ort, wo man seine Geschäfte tätigt. Und, mein Gott, wie traurig ist das, wenn man seine Geschäfte in einer Bar tätigen muß! Ich kann mich natürlich irren, aber die Leute ließen damals ihre Sorgen draußen. Als sie die Schwelle unserer Bar überschritten, waren sie entspannt. Sie diskutierten mit ihren Freunden über eine Schachpartie, übers Fischen, übers Wochenende. Heute kommen sie hierher, um Optionen auf Grundstücke zu bekommen und Autos zu verkaufen. Die Bar ist ein Café geworden — und das ist traurig.«

»Also gingen wir wieder ins Ritz zurück und packten unsere Koffer aus, und Leon, ein entzückender Kellner, der beinahe so gut Englisch wie ein Amerikaner spricht, half uns dabei. Leon sagte, wir müßten nun wirklich anfangen, Paris zu sehen und nicht bloß immer im Ritz herumzusitzen. So machte ich mich fertig, während Dorothea in die Halle hinunterging, um irgendeinen Herrn zu finden, der uns Paris zeigen könnte. Nach zehn Minuten klingelte sie herauf und sagte, ich habe hier schon ein Franzosenbürschchen aufgegabelt, einen Titel hat er und Vicomte ist er auch, so komm also gleich herunter. So fragte ich, wie kommt ein Franzose ins Ritz?«

(Aus: Anita Loos — BLONDINEN BEVORZUGT)

Alkoholfreie Drinks

Wenn uns die ersten Sonnenstrahlen wärmen, wenn man an die Badesaison denkt, dann wird mancher von uns, der gemeinhin als *Harttrinker* gilt — wenn auch nur für kurze Zeit — seinem geliebten Whisky, Rum oder Gin untreu. Daß er dann nicht nur Mineralwasser trinken muß, kann ihm sein Barmann sicher beweisen. Er kann ihm süße und saure Getränke bereiten, kann sie auf Eis zubereiten oder nur gekühlt servieren.

In meinem kleinen Rezeptteil für alkoholfreie Drinks gebe ich Ihnen nur ein paar Hinweise.

Wenn Sie Spaß am Mixen haben — und alkoholfrei trinken wollen, dann gehen Sie in einen Feinkostladen, und Sie werden sich wundern, was alles an tropischen Säften und Sirups angeboten wird. Besorgen Sie sich einige davon und dazu noch Zitronen und Orangen (für frischen Saft), Milch, Eier, Sahne und Coconutcream. Und dann geht's los.

Mit etwas Phantasie können Sie die tollsten alkoholfreien Drinks herstellen, die nicht nur farbig und interessant aussehen, sondern auch so schmecken, daß man kaum noch Sehnsucht nach den harten Sachen verspürt.

Alkoholfreie Drinks

Jogging Flip oder Waldlauf * 1978

Verschiedene Säfte
1 Eigelb
Grenadine

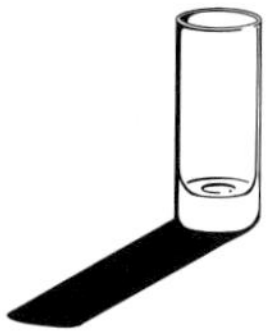

Die Säfte, das Eigelb und etwas Grenadine auf Eis im Shaker kräftig schütteln und in ein Longdrink-Glas abseihen.

Virgin Mary

12 cl Tomato Juice
2 cl Lemon Juice
Salz, Pfeffer
Selleriesalz
Tabasco
Worcestersauce

Tomato Juice je nach Geschmack mit den nebenstehenden Gewürzen abschmecken.
Kann im Glas zubereitet werden oder im Shaker auf Eis geschüttelt werden.

Prairie Oyster

2 große Löffel Tomatenketchup
1 Eigelb
Olivenöl
Salz, Pfeffer, Tabasco
Worcestersauce
Lemon Juice

Kleine Cocktailschale mit Olivenöl ausschwenken, Ketchup hineingeben, vorsichtig Eidotter hineinheben.
Gewürze je nach Geschmack dazugeben.
Ein Glas Eiswasser dazu servieren.

Shirley Temple

1/2 Flasche Seven up
1/2 Flasche Ginger Ale
Grenadine

In ein mit drei bis vier Eiswürfeln gefülltes Longdrink-Glas 1/2 Flasche Ginger Ale und 1/2 Flasche Seven up gießen, etwas Grenadine zugeben und gut umrühren.

Alkoholfreie Drinks

Summercooler

4 cl Orange Juice
1 Spritzer Angostura
Seven up

Orange Juice und Angostura auf viel Eis in ein Longdrink-Glas schütten, mit Seven up aufgießen und gut verrühren.

Green Leaves * 1979

2 cl Sirop de Menthe
1 Tonic Water
einige Minzeblätter

Sirup in ein mit gestoßenem Eis gefülltes Glas gießen. Minzeblätter zugeben und mit Tonic Water auffüllen.

Spring Fever * 1980

6 cl Blutorangensaft
2 cl Ananassaft
2 cl Maracujasaft
2 cl Kirschsaft
2 cl Zitronensaft
2 cl Mangosirup

Säfte und Sirup auf Eis im Shaker kräftig schütteln, in ein mit gestoßenem Eis gefülltes Superlongdrink-Glas abseihen.

Pussy Foot Cocktail

3 cl Lemon Juice
1 cl Grenadine
5 cl Orange Juice
3 cl Pineapple Juice

Zutaten auf Eis im Shaker gut schütteln, in ein mit Eis gefülltes Longdrink-Glas gießen.

Alkoholfreie Drinks

Coconut Lips * 1982

2 cl Coconut Cream
2 cl Himbeersirup
6 cl Pineapple Juice
4 cl süße Sahne

Zutaten auf Eis im Shaker kräftig schütteln, in ein zu 2/3 mit Eiswürfeln gefülltes Glas gießen.

Coco Choco * 1982

4 cl Coconut Cream
1 cl Schokoladensirup
10 cl Milch oder Sahne

Zutaten auf Eis im Shaker kräftig schütteln, im Glas servieren.

Coconut Kiss

3 cl Coconut Cream
3 cl süße Sahne
4 cl Orange Juice
2 cl Pineapple Juice

Zutaten auf Eis im Shaker gut schütteln, in ein mit Eis gefülltes Longdrink-Glas abseihen.

Coconut Banana * 1982

2 cl Bananensirup
2 cl Coconut Cream
2 cl süße Sahne
6 cl Milch

Zutaten auf Eis im Shaker kräftig schütteln, in ein mit Eis gefülltes Longdrink-Glas gießen.

Ernest Hemingway

Es war einmal ein Löwe, der lebte in Afrika bei all den anderen Löwen. Die anderen Löwen waren ohne Ausnahme böse Löwen und fraßen jeden Tag Zebras und Kuh-Antilopen und überhaupt jede Art von Antilopen. Manchmal fraßen die bösen Löwen auch Menschen. Sie fraßen Suahelis, Umbulus und Wandorobos, und ganz besonders gern fraßen sie indische Händler. Alle indischen Händler sind sehr dick und besonders köstlich für einen Löwen.

Aber dieser Löwe, den wir lieben, weil er so nett war, hatte Flügel auf dem Rükken. Weil er Flügel auf dem Rücken hatte, machten sich alle anderen Löwen über ihn lustig.

»Seht euch den an, mit den Flügeln auf dem Rücken«, sagten sie, und dann brüllten sie alle vor Lachen.

»Und seht euch mal an, was er frißt«, sagten sie, denn der liebe Löwe fraß nur Spaghetti und Scampi, weil er so lieb war.

Die bösen Löwen brüllten dann vor Lachen und fraßen gleich noch einen indischen Händler, und ihre Löwenfrauen soffen sein Blut und machten dabei Schlapp Schlapp Schlapp wie große Katzen. Darin hielten sie nur inne, wenn sie knurrend in Gelächter über den lieben Löwen ausbrachen und seine Flügel anfauchten. Es waren wirklich sehr böse und ungezogene Löwen.

Aber der liebe Löwe saß einfach da, faltete seine Flügel auf dem Rücken zusammen und fragte höflich, ob er einen Negroni oder Americano bekommen könne, denn so etwas trank er immer, nicht dagegen das Blut von indischen Händlern.

Eines Tages weigerte er sich, acht Massai-Rinder zu fressen und aß nur ein paar *tagliatelle* und trank dazu ein Glas *pomodoro.*

Da wurden die bösen Löwen sehr zornig, und eine der Löwinnen, die böseste von allen, der es nie gelang, das Blut von indischen Händlern aus ihrem Schnurrbart zu entfernen, nicht einmal, wenn sie sich das Gesicht im Gras abrieb, sagte: »Wer bist du eigentlich, daß du glaubst, du seiest etwas so sehr viel Besseres als wir? Woher kommst du, du spaghettifressender Löwe? Was hast du hier überhaupt zu suchen?« Sie knurrte ihn an, und alle Löwen brüllten, aber nicht vor Lachen.

»Mein Vater lebt in einer großen Stadt, und da steht er unter dem Glockenturm und blickt auf tausend Tauben herab, die alle seine Untertanen sind. Wenn sie fliegen, klingt das wie ein reißender Fluß, so ein Lärm ist das. In der Stadt meines Vaters gibt es mehr Paläste als in ganz Afrika, und ihm gegenüber stehen vier große Pferde aus Bronze, und alle vier heben einen Fuß in die Luft, weil sie Angst vor ihm haben. In der Stadt meines Vaters gehen die Menschen entweder zu Fuß, oder sie fahren mit dem Boot, und kein echtes Pferd würde je wagen, die Stadt zu betreten, weil es solche Angst vor meinem Vater hat.«

»Dein Vater war ein lumpiger Vogel Greif«, sagte die böse Löwin und leckte sich den Schnurrbart.

»Du bist ein Lügner«, sagte einer der bösen Löwen. »So eine Stadt gibt es gar nicht.«

»Reiche mir ein Stück indischen Händler herüber«, sagte ein anderer, ganz besonders böser Löwe. »Dieses Massai-Rind ist noch nicht richtig abgehangen.«

»Du bist ein Nichtsnutz, ein Lügner und der Sohn eines Greifen«, sagte die böseste aller Löwinnen. »Und jetzt, glaube ich, werde ich dich umbringen und fressen, mit Haut und Haar, und die Flügel sowieso.«

Da bekam der liebe Löwe große Angst, denn er konnte ihre gelben Augen sehen, und er sah, wie sich ihr Schwanz auf und ab bewegte, und er sah das verkrustete Blut in ihrem Schnurrbart, und er roch ihren Atem, und der roch sehr schlecht, weil sie sich nie die Zähne putzte. Außerdem hatte sie noch Reste von indischem Händler unter den Klauen.

»Töte mich nicht«, sagte der liebe Löwe. »Mein Vater ist ein edler Löwe, und er wurde stets respektiert, und alles, was ich gesagt habe, ist die lautere Wahrheit.«

In dem Augenblick sprang ihn die böse Löwin an. Aber er erhob sich mit seinen Flügeln in die Luft und flog einmal im Kreis über die bösen Löwen, die ihn alle anbrüllten und anstarrten. Er blickte hinunter und dachte: »Das sind ja richtige Wilde.«

Dann flog er noch eine Schleife, damit sie noch lauter brüllten. Dann trudelte er im Sturzflug ab, um der bösen Löwin in die Augen zu blicken; sie stellte sich auf die Hinterbeine und versuchte, ihn zu fangen. Aber sie verfehlte ihn mit ihren Klauen.

»Adiós«, sagte er, da er als Löwe von Kultur ein wunderschönes Spanisch sprach. *»Au revoir«*, rief er ihnen in seinem beispielhaften Französisch zu. Sie brüllten und knurrten in afrikanischem Löwendialekt.

Dann zog der liebe Löwe immer höhere Kreise und nahm Kurs auf Venedig.

Er landete auf der Piazza, und alle freuten sich, als sie ihn sahen. Er erhob sich noch einmal kurz in die Lüfte, um seinen Vater auf beide Wangen zu küssen, und er sah, daß die Pferde immer noch den einen Fuß hoben, und die Basilika war so schön, schöner als eine Seifenblase. Der Campanile stand an seinem alten Platz, und die Tauben suchten für den Abend ihre Nester auf.

»Wie war Afrika?« sagte sein Vater.

»Sehr wild, Vater«, antwortete der liebe Löwe.

»Nachts haben wir jetzt Straßenbeleuchtung«, sagte sein Vater.

»Das habe ich bereits bemerkt«, erwiderte der liebe Löwe, wie es sich für einen folgsamen Sohn gehört.

»Meine Augen leiden ein wenig darunter«, gestand ihm sein Vater. »Wohin gehst du, mein Sohn?«

»In Harry's Bar«, sagte der liebe Löwe.

»Dann richte doch Cipriani einen schönen Gruß aus, und sage ihm, wegen der Rechnung käme ich in ein paar Tagen vorbei«, sagte sein Vater.

»Ja, Vater«, sagte der liebe Löwe, landete anmutig und ging auf seinen eigenen vier Pfoten in Harry's Bar.

Bei Cipriani hatte sich nichts verändert. All seine Freunde und Bekannten waren da. Er aber hatte sich durch seinen Afrika-Aufenthalt ein bißchen verändert.

»Einen Negroni, Signor Barone?« fragte Mr. Cipriani.

Aber der liebe Löwe war den weiten Weg von Afrika hierhergeflogen, und Afrika hatte ihn verändert.

»Haben Sie Sandwiches mit indischem Händler drauf?« fragte er Cipriani.

»Nein, aber ich kann welche besorgen.«

»Während Sie die besorgen lassen, machen Sie mir einen ganz trockenen Martini.« Und er fügte hinzu: »Mit Gordon's Gin.«

»Gern«, sagte Cipriani. »Sehr gern sogar.«

Nun blickte der Löwe in die Runde und sah die Gesichter all der netten Leute, und er wußte, daß er zu Hause war, daß er aber auch die Welt bereist hatte. Er war sehr glücklich.

GORDON'S
DRY GIN

Excusez Monsieur du bar
Les jolies femmes sont
Disparues en la invisibilité
Où les ombres de vôtre visage
Se panachent dans les tâches
Du vin de l'enfer sur ma
Table isolée
Alors trois revenants
Vous
Moi et le vin
Excusez Monsieur du bar
Nous sommes mal dit
Les clochards de la Trinité

DIE AUTOREN

Luis Buñuel

Gregor von Rezzori

Michael Krüger

Jean Svensson

Charles Bukowski

Joachim Kaiser

Peter Hamm

Raymond Chandler

Hans Herbst

Wolfgang Ebert

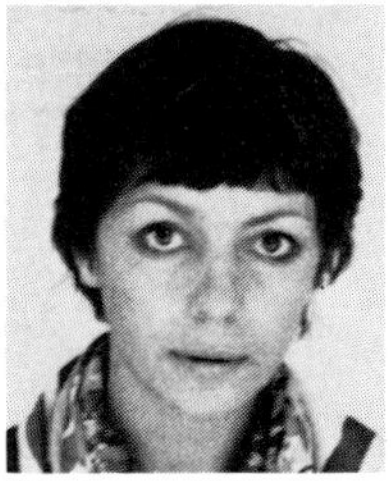
Marianne Schmidt

Wolf Wondratschek

Heinz van Nouhuys

Franz Spelman

Ernest Hemingway

Johannes Leismüller

Raoul Hoffmann

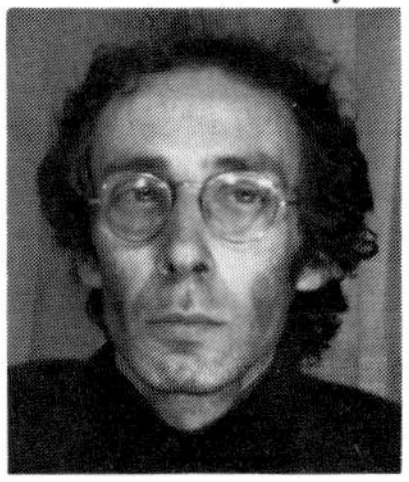
René Kraft

Dank

Ich bedanke mich bei allen Mitarbeitern an diesem Buch, bei denen, die hierfür eigens einen Beitrag geschrieben haben, bei den Verlagen, die freundlicherweise Abdruckgenehmigungen erteilten wie auch bei allen, die mich hilfreich unterstützten.

Besonders möchte ich mich bei Hans Herbst bedanken. Was wäre aus meinem Buch geworden ohne Hans Herbst und Power's (Irish Whiskey). Power's hat Hans in frühen Abendstunden in seiner Ecke und am frühen Morgen im Hinterzimmer unterstützt und inspiriert. Beide, so hoffe ich, mögen mich noch lange begleiten. Hans in seiner Ecke und Mr. Power's, unter all den Whiskey-Flaschen ein Kleinod wie der gelbe Gin einst in Chicotes Bar in Madrid.

Charles

Register

(nach Sachgruppen geordnet)

Register

(nach Sachgruppen geordnet)

Register
(in alphabetischer Reihenfolge)

Register
(in alphabetischer Reihenfolge)

COLLECTION
ROLF HEYNE

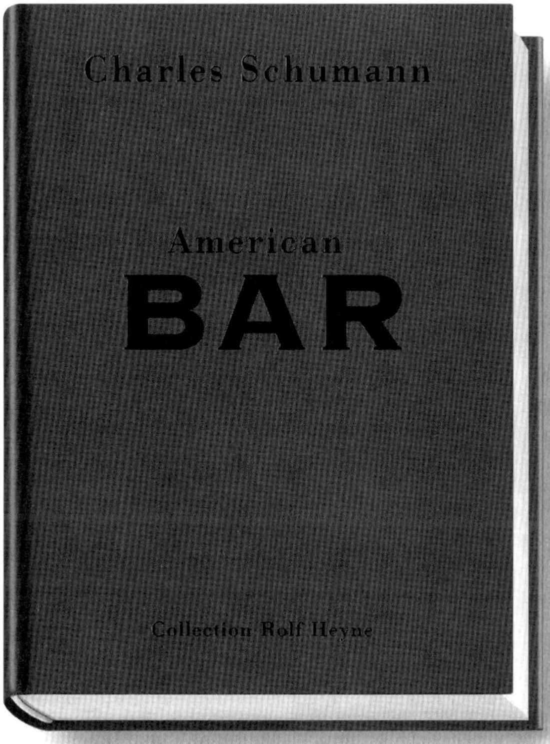

Charles Schumann
AMERICAN BAR
400 Seiten, gestaltet und illustriert
von Günter Mattei, gebunden

ISBN 3-89910-006-9

Die endgültige Hommage an eine Institution: 500 Rezepte für Drinks und Cocktails aus der American Bar. Das Wissen um die perfekte Barausstattung, über die Grundregeln des Mixens und die richtigen Zutaten, präsentiert von Deutschlands namhaftestem Barmann: Charles Schumann.

Ein bibliophiles Prunkstück für Bar und Bücherschrank. *Der Feinschmecker*

Das Standardwerk des Barkeeping. *Essen und Trinken*

Da Schumann's American Bar in der Münchner Maximilianstraße so etwas wie eine Kathedrale für arrivierte Bargeher ist, hat Charles Schumann, Gründer und Besitzer der Bar, die passende Bibel verfaßt.
Welt am Sonntag

Ein Klassiker der Bar-Literatur. *Gastro*

QUELLENHINWEISE

Luis Buñuel, Irdische Vergnügen. Aus: Luis Buñuel, Mein letzter Seufzer. Deutsche Erstausgabe. © 1983 by Athenäum Verlag GmbH, Königstein/Ts

Gregor von Rezzori, Aperitif — das variantenreiche Vorspiel. © 1984 by Jahreszeiten-Verlag GmbH, Hamburg

Michael Krüger, 10 Ratschläge für Voyeure. Copyright by Autor und Verlag

Jean Svensson, Die Stunden der Bar. Copyright by Autor und Verlag

Charles Bukowski, Highball-Alice. Aus: Charles Bukowski, Western Avenue. © 1965 by Charles Bukowski und © 1979 by Zweitausendeins, Postfach 6000 Frankfurt 61

Jean Svensson, Brief aus Paris. Copyright by Autor und Verlag

Joachim Kaiser, Dank an Charles und Schumann's. Copyright by Autor und Verlag

Peter Hamm, Bar-Gedicht. Copyright by Autor und Verlag

Raymond Chandler, Victors Bar. Aus: Raymond Chandler, Der lange Abschied. Deutsch von Hans Wollschläger. © 1975 by Diogenes Verlag AG, Zürich

Hans Herbst, Charly's Shuffle. Aus: Hans Herbst, Siesta. © 1984 by Albrecht Knaus Verlag, München

Wolfgang Ebert, Wunderbar. Copyright by Autor und Verlag

Marianne Schmidt, Schule der Frauen. Copyright by Autor und Verlag

Wolf Wondratschek, Für Walter . . . Copyright by Autor und Verlag

Heinz van Nouhuys, Meine Heimat sind die Bars. Copyright by Autor und Verlag

Franz Spelman, Herr Köhler von der Splendid-Bar. Copyright by Autor und Verlag

Raoul Hoffmann, Die Bar des Ritz. Copyright by Autor und Verlag

Johannes Leismüller, 17 Uhr 17. Copyright by Autor und Verlag

Ernest Hemingway, Die Geschichte von lieben Löwen. Aus dem Amerikanischen von Harry Rowohlt. © 1979 by Rowohlt Verlag GmbH, Reinbek bei Hamburg

René Kraft, Cocktail personnel. Copyright by Autor und Verlag